AF542197

Catalogue

de la

Bibliothèque de feu M. Alfred Ritleng

Notaire à Strasbourg

dont la **Vente aux Enchères** aura lieu
les 30 Novembre et 1r Décembre 1908
de 9h 1/2 à midi et de 2h 1/2 à 6h du soir
par le ministère de **Me. A. Riff**, Notaire à Strasbourg
assisté par **M. F. Staat**, Libraire.

Adresser les Commandes à la **Librairie J. Noiriel, F. Staat Succ.**
27, rue des Serruriers, **Strasbourg** (Alsace).

Local de la Vente:
10, Place Gutenberg
(Salle de la Société des Sciences, Agriculture et Arts de la Basse-Alsace).

Auctionslokal:
10, Gutenbergplatz
(Saal der Gesellschaft zur Förderung der Wissenschaften, des Ackerbaues u. der Künste).

Katalog

der wertvollen Bibliothek des verstorbenen

Herrn Notars Alfred Ritleng in Strassburg

deren Versteigerung am 30. November und 1. Dezember 1908
jeweils von
9 1/2—12 Uhr Vormittags und **von 2 1/2—6 Uhr Nachmittags**
durch Herrn Notar **A. Riff** stattfinden wird.

Bestellungen aus dem Kataloge sind zu richten an:
J. Noiriel's Buchhandlung, F. Staat Nachf., Strassburg i. E.
27, Schlossergasse 27.

Druckerei J. Scherz,
Offenbach a. M.

Conditions de la Vente. — Auctionsbedingungen.

La vente aura lieu les 30 Novembre et 1r Décembre 1908, de 9½ à midi et de 2½ à 6 heures.

Il sera vendu environ 400 numéros par jour, dans l'ordre du catalogue. Mr. Staat se réserve le droit de réunir, s'il y a lieu, plusieurs numéros en un seul lot, ou de vendre séparément les pièces composant un numéro.

L'exposition des objets aura lieu le jour de leur passage à l'enchère à partir de 8½ heures dans le local de la vente.

Cette exposition mettant le public à même de se rendre compte de l'état des objets, il ne sera admis aucune réclamation, une fois l'adjudication prononcée.

Les adjudicataires sont tenus d'enlever immédiatement les objets dont ils se sont rendus acquéreurs.

Le prix d'adjudication est à payer comptant, avec 10% en sus pour les frais.

Dans le cas, où au moment d'une adjudication il surgirait un différend en raison d'une mise double, l'objet sera immédiatement remis en vente.

Pour tous renseignements s'adresser à M. F. Staat, libraire, 27 rue des Serruriers, Strasbourg.

Die Auction findet statt am 30. November u. 1. Dezember 1908 von 9½ Uhr bis Mittag und nachmittags von 2½ bis 6 Uhr.

Es werden jeden Tag ca. 400 Nummern in der Reihenfolge des Kataloges versteigert. Herr Staat behält sich jedoch das Recht vor, wenn nötig, mehrere Nummern zu einem Loose zu vereinigen, wie auch einzelne Nummern in mehrere Loose zu teilen.

Die an den einzelnen Tagen zur Versteigerung gelangenden Gegenstände sind an den betreffenden Morgen von 8½ Uhr ab im Auctionslocale zur Besichtigung ausgestellt.

Da durch diese Ausstellung Gelegenheit geboten ist, sich von dem Zustande der einzelnen Gegenstände zu überzeugen, so können Reklamationen nach erfolgtem Zuschlag in keinerlei Weise berücksichtigt werden.

Die Versteigerung geschieht gegen bare Zahlung und hat der Ersteher auf den Zuschlag ein Aufgeld von 10% zu entrichten. Die gesteigerten Gegenstände sind sofort in Empfang zu nehmen.

Sollte durch erfolgtes Doppelgebot eine Meinungsverschiedenheit entstehen, so wird die betreffende Nummer sofort nochmals ausgeboten.

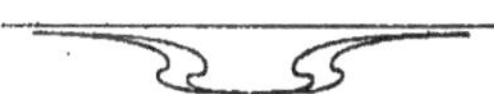

Catalogue

de la

Collection d'Alsatiques

(Livres)

de feu

Me Alfred Ritleng, Notaire à Strasbourg.

1ère Partie: Alsatiques.

1 **Adam (l'abbé)** et Monseigneur Raess. Genève 1883, in-8, 43 p., br.

2 **Adam, Auguste.** — Temporis Acti. A la Mémoire d'Auguste Adam, Conseiller à la Cour d'Appel de Paris, né à Strasbourg le 27 Févr. 1828, décédé à Paris le 26 nov. 1901. S. l. ni d., in-8, 88 p., br.

3 **Album de la Société des Amis des Arts** de Strasbourg pour 1859. Strasb. 1859, in-fol., 7 planches, cart.

4 **Almanachs.** — Almanach d'Alsace, publié par J. J. Oberlin pour l'année 1788. Strasbourg, 1 vol. in 24, rel. (Av. 1 carte d'Alsace gravée p. Weis).

5 — Almanach historique de la Révolution françoise, pour l'année 1792, rédigé par J. P. Rabaut. Orné de gravures d'après Moreau. Strasbourg 1792, in-24, cart.

6 — Etrennes aux Alsaciennes. 1re et 2e années. Strasb. 1825 et 1826. 2 vol. in-24, cart. Av. pet. vues d'Alsace lith.

7 — Des Hohen Teutschen Ritter-Ordens Hochlöbl. Balley Elsas und Burgund Wappen-Calender. Allmanach auf das Jahr . . . 1767. S. l. 1767, in-24, 29 planches grav. p. Jac. Andr. Fridrich et 12 pages de texte. Pl. rel. cuir de l'époque, av. fers spéc.

8 **Alsace françoise** ou Nouveau Recueil de ce qu'il y a de plus curieux dans la ville de Strasbourg, avec une explication exacte des planches en taille douce qui le composent. Strasbourg 1706, in-fol., 12 p. de texte, 5 pl. de vues et 10 pl. de costumes, demi-rel. veau rouge. Bel exempl. (Très rare et recherché).

9 **Alsace-Lorraine (L') après 1870.** — About, P. Alsace. 1871—1872. Paris 1873, in-16, VII—349 p., demi-rel. perc.

10 — Alsace (L') devant la Prusse. 1870—1872. Paris 1872, in-8, 31 p., demi-perc.

11 — Alsace-Lorraine (l') et l'Empire germanique. 2 Nos. de la „Revue des Deux Mondes". Paris 1880, in-8, demi-rel. toile.

12 — Alsacien (Un) aux Français, ses anciens compatriotes. Dures vérités et bienveillants conseils. Paris 1871, in-8°, 19 p., demi-rel. toile rouge.

13 — Arendt, Dr. Otto. France et Allemagne. Traduction et préface par Henri Ermann. Lausanne 1893, gr. in-8, 47 p., demi-rel. toile rouge.

14 — Claretie, Jules. Cinq ans après. L'Alsace et la Lorraine depuis l'annexion. Paris s. d., in-18, 372 p., demi-rel. perc.

15 — Débats (les) sur l'abolition de la dictature en Alsace-Lorraine. Séance du Reichstag du 28 janvier 1885. Strasb. 1885, in-8, 118 p., demi-rel. perc.

16 — Deschamps, Philippe. A travers les Pays encore annexés! Paris (1901), in-8, 115 p., br. Titre ill.

17 **Alsace-Lorraine (L') après 1870.** — Dupasquier, H. Le Crime de la Guerre dénoncé à l'humanité. Paris 1873, in-18, XXII—256 p., demi-rel. perc.

18 — Elstein, G. d'. L'Alsace-Lorraine sous la domination allemande. Paris 1877, in-16, 350 p., demi-rel. perc.

19 — Gasparin, A. de. La République neutre d'Alsace. Genève 1870, in-12, XV—125 p., demi-rel. perc.

20 — — Même ouvrage. 2de édition. Genève 1870, in-8°, XI—75 p., demi-rel. perc.

21 — Haas, Frédéric. L'Alsace-Lorraine martyre. Attentat à la morale internationale. Etude historique. Paris 1872, in-8, 187 p., demi-rel. perc.

22 — Heimweh, J. Pensons-y et parlons-en. Paris 1891, in-18, 46 p., demi-rel. perc.

23 — — Triple alliance et Alsace-Lorraine. (Questions du temps présent). Paris 1892, in-18, IV—139 p., demi-rel. perc.

24 — Hepp, Eug. Du droit d'option des Alsaciens-Lorrains pour la nationalité française. Paris 1872, in-18, 168 p., demi-rel. perc.

25 — Jacquemin, Michel. A la Frontière de l'Est. Notes et souvenirs. Paris 1894, in-16, II—184 p., demi-rel. perc.

26 — Laborde, C.-E. Du Droit d'option. Lettre aux Alsaciens et Lorrains sur le Traité du 10 mai et la Convention additionnelle du 11 décembre 1871. Paris 1872, in-8°, 16 p., demi-rel. perc. — La feuille de titre est remplacée par un portrait-charge d'Anatole Picquart, Sous Prefet, comme athlète. **(Dessin à la plume).**

27 — Laporte, Michel-E. L'Alsace reconquise. Paris 1873, in-12, 275 p., demi-rel. perc.

28 — Lavisse, Ernest. La Question d'Alsace dans une âme d'Alsacien. (Extr. de la „Rev. de Famille"). Paris 1891, in-18, VII—52 p., demi-rel. perc.

29 — Ligue d'Alsace (La). Première série. 1871—1872. (Bulletins Nos. 1 à 27). Paris 1873, in-18, VI—239 p., demi-rel. toile.

30 — Lonchamp, E. La Vie politique en Alsace-Lorraine. (Extr. de „l'Industriel alsacien"). Mulh. 1876, in-8, 52 p., demi-rel. perc.

31 — Paris sautera. La Vérité à l'Alsace-Lorraine. Par un Parisien. Strasb. 1887, in-8, 236 p., demi-rel. perc.

32 — Parlement de 1874. — Les Affaires de l'Alsace-Lorraine. Tous les discours prononcés jusqu'à présent par M. Teutsch, Mgr. Raes, MM. Winterer, Guerber, le Commissaire fédéral Herzog, le prince de Bismarck, de Puttkammer, etc. Edit. franç., 1re suite. Strasbourg 1874, in-8, 89 p., demi-rel. perc.

33 — Prussiens (Les) en Alsace. Récits et faits recueillis par un patriote alsacien. Paris 1874, in-16, 409 p., demi-rel. perc.

34 — Stieb, Wilh. Die Option der Elsass-Lothringer. Entstehung, Ausübung u. Anerkennung des Optionsrechts .... Metz 1902, in-8°, 19 p., br.

35 — Witz, Ch. Alphonse. La Vraie Ligue d'Alsace, par un Alsacien. Mulh. 1871, in-16, 20 p., demi-rel. perc.

36 **Andrieux, François-Guillaume-Jean-Stanislas.** — Berville, St.-A. Notice historique sur Andrieux. Paris 1862, in-8, XXIII p., br.

37 **Annuaire histor. et statist. du départ. du Bas-Rhin,** fondé par P. J. Fargès-Méricourt en 1805. Années XIII, 1823, 1827, 1840. Strasb. 1805—1840. 4 vol. in-16, br. et rel.

38 **Aronssohn, Paul.** — Straus, Dr. Le Docteur Paul Aronssohn, anc. Prof. agrégé à la Faculté de Médecine de Strasbourg .... Paroles prononcées sur sa tombe, le 30 mai 1887. Paris 1887, gr. in-8, 6 p., br.

39 **Aufschlager, Jean-Frédéric.** L'Alsace. Nouvelle description hist. et topogr. des 2 départemens du Rhin. Strasb. 1826—28. 2 vol. in-8, demi-rel. veau, et 1 vol. de supplt., cart. demi-toile. Av. 9 pl., 2 cartes et 1 plan.

40 **Baquol, J.** L'Alsace ancienne et moderne, ou Dictionnaire géographique, historique et statistique du Haut- et du Bas-Rhin. 1re édition. Strasb. 1849, in-12, XII—468 p., demi-rel. chagr. Avec 4 pl. d'armoiries col.

41 — L'Alsace ancienne et moderne. Supplément à la 1re édition du Dictionnaire. — Texte. Strasbourg 1853, in-12, 113 p., demi-rel. chagr.

42 **(Barthélemy, A. de).** Armorial de la généralité d'Alsace. Recueil officiel dressé par les ordres de Louis XIV et publié pour la première fois. Paris 1861, in-8, XI—449 p., demi-rel. toile. (Epuisé et rare).

43 **Bazin, René.** Les Oberlé. Aquarelles et dessins par Charles Spindler. Paris, s. d., gr. in-8, rel. toile orig., fers spéc., tr. dorées.

44 **Beck, Conrad. — Manuscrit sur parchemin.** — Kurtze ordnung vnnd gründtliche vnderweisunng, Künstlichs vnnd artlichs schreybens.... Durch Conradt Becken vonWeyssenburg geschrieben worden im Jhar .... 1590. Gr. in-8 obl., 4 pages (incompl. de la fin du traité), demi-rel. chagr.

45 **Benoit, Arthur.** Collections et Collectionneurs alsaciens 1600 à 1820. Strasbourg 1875, gr. in-8°, 82 p., demi-rel. perc.

46 — Dépêches militaires inédites sur l'invasion de 1815. — Vosges et Alsace. (Extr. de la „Rev. d'Alsace"). Mulhouse 1878, in-8, 15 p., demi-rel. perc.

47 — Description des drapeaux et étendards des régiments français des anciennes provinces d'Alsace, de Franche-Comté et de Lorraine. (Extr. de la „Revue d'Alsace"). Mulhouse 1874, in-8, 20 p., cart.

48 — Invasion de 1814 dans le départ. des Vosges. — Correspondance inédite du général Cassagne. (Extr. des „Annales de la Soc. d'Emul. des Vosges"). Epinal 1877, in-8, 94 p., demi-rel. toile.

49 — Liste des gardes d'honneur du départ. du Bas-Rhin. Mulhouse 1869, in-8°, 19 p., cart. (Av. dédicace signée de l'auteur).

50 **Benoit, Louis.** Pierres bornales armoriées. (Meurthe, Bas-Rhin, Vosges). (Extr. des „Mém. de la Soc. d'Arch. lorr.") Nancy 1870, in-8, 56 p., cart. Av. 15 pl. lithogr.

51 **Bibliographe Alsacien (Le).** Gazette littéraire, historique, artistique. Fondé et publié par Charles Mehl. Strasb. 1863—69. 4 vol. in-8, demi-rel. veau.

52 **Blotzheim.** — Sabourin de Nanton. Blotzheim. Son passé, son présent. Etude hist. et archéol. Strasb. 1867, in-18, 92 p., demi-rel. perc.

53 **Blumstein fils, F.** Soeur Sabine. Conte d'Alsace. Rixheim 1904, in-8°, 13 p., br. (Extr. de la „Revue cath. d'Alsace").

54 **Boureulle, de.** L'Alsace du moyen-âge. — L'Alsace de la Réforme. — L'Alsace du siècle de Louis XIV. (Extraits du „Bull. de la Soc. Philom. Vosgienne"). Saint-Dié 1884—1887. 3 opuscules in-8 de 38, 37 et 45 p., cart. demi-perc.

55 **Bourlot, J.** Histoire des tremblements de terre ressentis en Alsace et dans le pays de Bâle, précédée de généralités sur le phénomène. Colmar 1866, in-8, 50 p., cart. demi-perc. (Extr. du „Bull. de la Soc. d'Hist. nat. de Colmar").

56 **Bulletin de la Société pour la conservation des monuments historiques d'Alsace.** 2e série: T. 7 (livr. 1), T. 9 à 15, 21 (livr. 1), 22 (livr. 1). Strasbourg 1870 à 1904, gr. in-8°, en vol. reliés et brochés.

57 **Bussierre, Vicomte (M.-Th.) de.** Histoire de l'établissement du protestantisme à Strasbourg et en Alsace. Paris 1856, in-8, XV—509 p., demi-rel. toile. (Très rare).

58 **Calendriers.** — Bote (Der Hinkende) am Rhein. Jhrg. 1898. Av. grav. Strassb. 1898, pet. in-4, br.

59 — Strassburger Hinkende Bote (Der grosse). Jhrg. 1895, 1896 et 1897. Av. grav. Strassb. 1895—97, pet. in-4, br.

60 **Caron, Augustin-Joseph.** — Procès d'Augustin-Joseph Caron, Lieutenant-Colonel en retraite, et de Frédéric-Dieudonné Roger, Ecuyer; tous deux domiciliés à Colmar; traduits . . . . devant le 1r Conseil de Guerre permanent . . . . séant à Strasbourg, pour Crime d'Embauchage. Strasb. (1822), in-8, 207 p., rel.

61 **Cazeaux, L.** Essai sur la conservation de la langue allemande en Alsace. Strasbourg 1867, in-18, 44 p., demi-rel. perc.

62 **Cerfberr de Médelsheim, A.** Biographie alsacienne-lorraine. Paris 1879, in-12, 327 p., br. Papier ord.

63 — Même ouvrage, br. Tirage sur papier non collé, très léger.

64 **Charles X.** — Fargès-Méricourt, P. J. Relation du voyage de Sa Majesté Charles X en Alsace. Strasbourg 1829. 1 vol. in-4, demi-rel. toile. Av. 1 carte et 12 planches lith. (Taches de rousseur).

65 **Chazel, Prosper.** (Pseudonyme de M. Lereboulet). Histoire d'un Forestier. 6e édit. Paris, s. d., in-16, 352 p., demi-rel. perc.

66 **Chuquet, Arthur.** L'Alsace en 1814. Paris 1900, in-8, VI—479 p., demi-rel. perc.

67 **Collier (Affaire du).** — Histoire véritable de Jeanne de S. Remi, ou Les Aventures de la Comtesse de la Motte. Villefranche 1786, in-8, VIII—72 p., cart.

68 — Observations sur l'état actuel de M. le Cardinal de R * * *. S. l. ni d., in-8, 4 p., non rel.

69 — Précis et Requêtes pour la défense de Son Eminence Mgr. le Cardinal de Rohan . . . . Strasb. 1786, in-12, 102—78 p., dérelié.

70 — Recueil de Pièces authentiques et intéressantes, pour servir d'éclaircissement à l'affaire concernant le Cardinal, Prince de Rohan, etc. Strasb. 1786, in-8, 52 p., dérelié.

71 — La Reine dévoilée, ou Supplément au Mémoire de Mde. la Comtesse de Valois de la Motte. Londres 1789, in-12, 144 p., dérelié.

72 — Traduction d'une lettre écrite par M. le Comte de Cagliostro, à M * * *, trouvée dans les décombres de la Bastille. S. l. ni d., in-8, 7 p., br.

73 — Valois de la Motte (la Comtesse de). Mémoires justificatifs écrits par elle-même. Londres 1789, in-8, 204 p. — Second. Mémoire justificatif . . . . Londres 1790, in-8, 40 p. Les deux en 1 vol. cart. Av. 1 grav. frontisp.

74 — Vie de Joseph Balsamo, connu sous le nom de Comte Cagliostro . . . . trad. d'après l'original italien. Paris et Strasb. 1791, in-8, XXVI—239 p., demi-rel. veau. Av. portr. gravé.

75 **Colmar.** — Goutzwiller, Ch. Catalogue du Musée de Colmar. 2e édit. Colmar 1866, in-12, VIII—148 p., demi-rel. perc.

76 **Conseil Souverain d'Alsace.** — Extrait des Registres du Conseil Souverain d'Alsace, du 24 avril 1773. Colmar, 4 p. — Extrait . . . du 27 juin 1771. Colmar, 3 p. — Lettres patentes du Roi portant Attribution de gages aux Officiers du Conseil Souverain d'Alsace, du 18 Oct. 1771. Colmar, 6 p. — Les trois réunis en 1 vol. pet. in-4, cart. demi-perc.

77 **Costumes alsaciens,** principalement strasbourgeois de la fin du 17e siècle. 7 planches, dont 5 signées par F. W. Schmuck. Dans un carton in-fol.

78 **Craufthal.** — Craufthal. Excursion de la Chorale du 17 Juin 1877. Strasb. 1877, in-12, 42 p., cart. Av. fig. et planches.

79 — Forrer, R. Ueber Höhlenwohnungen, Donneräxte, Erdwälle und Hexensitze im Graufthal. (Extr. du „Bull. de la Soc. . . . . des Mon. hist. d'Alsace"). Strassb. 1899, gr. in-8, 9 p., br. Av. grav.

80 **Curiosités d'Alsace,** publ. par Ch. Bartholdi. 1re et 2e années. Colmar 1861—1863. 2 vol. gr. in-8, demi-rel. perc. Av. planches. (Tout ce qui a paru).

81 **Danielle, Théodore.** Simples Vers. Strasb. 1873, in-18, 217 p., cart. demi-perc.

82 **Danzas, H.** Discours de Réception: La France et l'Alsace dans le passé. S. l. ni d., pages 193 à 278 du „Précis des Travaux de l'Académie de Rouen". In-8, cart. demi-perc.

83 **(Dedon l'aîné).** — Relation du passage du Rhin effectué le premier Floréal an V, entre Kilstett et Diersheim, par l'armée de Rhin-Moselle, sous le commandement du général Moreau. Par l'auteur du Mémoire mil. sur Kehl. Strasb. 1797, in-8°, 72 p., cart. Av. 1 carte.

84 **Degermann, Jules.** — Bourgeois, J. Notice biogr. sur M. Jules Degermann lue à la Soc. industr. et commerc. de Ste. Marie-aux-Mines, le 23 déc. 1898. Ste. Marie a. M. 1899, in-8°, 10 p., cart. demi-perc. Av. portr.

85 **Déroulède, Paul.** Monsieur le Hulan et les Trois Couleurs. Conte de Noël. Illustrations de Kauffmann. Paris, s. d., gr. in-4°, 26 p., rel. toile orig.

86 **Desaix, Louis-Charles-Antoine.** — Histoire des généraux Desaix et Kléber. Avec des Notes et Remarques. Paris, an X (1802), in-18, 256 p., demi-rel. perc. Av. 2 portr. gravés.

87 **Dietrich, Dominique.** — Spach, Louis. Dominique Dietrich, ammeistre de Strasbourg. Strasbourg 1857, in-8°, 66 p., demi-rel. perc.

88 **Dietrich, Frédéric de.** — Noisette, Gaspard, et Claude Champy. Discours prononcé à la barre de l'Assemblée Nationale, à la séance du 23 juin 1792. (Eloge de Fréd. Dietrich). Paris, s. d., in-8°, 20 p., cart. demi-perc.

89 — Spach, L. Frédéric de Dietrich, premier maire de Strasbourg. Strasbourg 1857, in-8°, 142 p., demi-rel. perc. Av. portr. gravé par Ch. Guérin.

90 **Engel, Arthur,** et **Ernet Lehr.** Numismatique de l'Alsace. Paris 1887, gr. in-4°, XXVIII—272 p. et 46 planches. Demi-rel. chagr., tr. rouges.

91 **Engelhard, Maurice.** La Chasse dans la vallée du Rhin (Alsace et Bade). Strasb. 1864, in-12, VII—105 p., papier de Hollande, demi-rel. chagr. amat., tête dorée, non rogné. (Rare). Av. portr. et planches.

92 — Souvenirs d'Alsace. Chasse-Pêche-Industrie-Légendes. Paris 1882, in-18, IV—283 p., demi-rel. perc.

93 **Ensmingen, Godefroi de.** — Liblin, Jos. Chronique de Godefroi d'Ensmingen, notaire épiscopal à Strasbourg, 1132—1372. Tirée des Chronicalia de P.-A. Grandidier. Strasbourg 1868, in-8°, XV—54 p., demi-rel. chagr.

94 **Epingles (Les).** Revue critique de Strasbourg. Juin 1841. Strasb. 1841, in-24, VII—59 p., demi-rel. perc.

95 **Ernst, Amélie.** Rimes françaises d'une Alsacienne (anciennes et nouvelles). 4e édition. Paris et Genève 1883, in-18, 75 p., demi-rel. perc.

96 **Fabert, Abr.** Les Remarques d'Abraham Fabert sur les coustumes générales du Duché de Lorraine, ès Bailliages de Nancy, Vosges et Allemagne. (Exempl. avec le beau frontispice de Séb. le Clerc, au verso duquel se trouve le portrait d'Abr. Fabert). Metz 1657, in-fol., 539 p., plus la table, rel. veau ant.

97 **Festgabe** den Theilnehmern an d. 26. Jahresversammlung des Deutschen Apothekervereins in Strassburg am 23.—27. Aug. 1897 gewidmet von d. Els.-Lothr. Apothekervereinen. Mit 12 Lichtdruck-Tafeln. Strassb. 1897, gr. in-8°, VIII—182—153 p., rel. toile orig.

98 **Fischart, Jean.** — Wackernagel, Wilhelm. Johann Fischart von Strassburg. 2. Ausg. Basel 1874, in-8°, VIII—214 p., demi-rel. toile.

99 **Fischer, L.** (abbé). Fragment des Souvenirs d'un Alsacien, soldat dans l'armée de Condé (1772—1795). Rixheim 1893, in-8°, 24 p., cart. demi-perc. (Extr. de la „Revue cath. d'Alsace").

100 **Forrer, R., & H. Fischer.** Adressbuch der Museen, Bibliotheken, Sammler und Antiquare. Mit einer illustr. Studie üb. elsäss. Privatsammlungen u. 12 Lichtdrucktafeln. Strassb. 1897, XXV—380 p., rel. toile orig.

101 **Foy (le Général).** — Stöber, Ehrenfried. Festlichkeiten dem General Foy zu Ehren während seinem Aufenthalte in Strassburg. Basel 1821, in-8°, 13 p., br.

102 — — Relation des fêtes données au Général Foy, lors de son séjour à Strasbourg. Basle 1821, in-8°, 16 p., cart. Av. le discours du général en manuscr.

103 — — L. général Foy en Alsace. Paris et Strasb. 1825, in-8°, 14 p., cart.

104 **Friese, J.** Historische Merkwürdigkeiten des ehemaligen Elsasses, aus den Silbermänn'schen Schriften gezogen. Strassb. 1804, in-8°, XII—229 p., demi-rel. veau. Av. portr.

105 **Froeschwiller.** — Touchemolin, A. Guide du Touriste sur le Champ de Bataille de Froeschwiller. Avec cartes, notice historique, vues d'ensemble et croquis dessinés d'après nature. Strasb. 1871. Pet. in-4°, demi-rel. perc. Edit. orig.

106 **Gérard, Ch.** L'ancienne Alsace à table. Etude historique et archéologique. 2e édit. Paris et Nancy 1877, in-8°, VI—362 p., demi-rel. chagr. Av. portr. à l'eau-forte.

107 — Les artistes de l'Alsace pendant le moyen-âge. Colmar 1872 et 1873. 2 vol. in-8°, demi-rel. chagr.

108 **Golbéry, P. de.** L'Alsace celtique et gauloise d'après les Monuments de la plus haute antiquité. (Extr. de la „Revue d'Alsace"). S. l. ni d., in-8°, 48 p., cart. demi-perc. Av. 3 pl. lith.

109 **Golbéry, de, et J. G. Schweighaeuser.** Antiquités de l'Alsace, ou Châteaux, Eglises et autres Monumens des départemens du Haut- et du Bas-Rhin. Mulhouse 1828. 2 sections en 2 vol. in-fol. Av. supplt.: Monumens romains. — Le tout av. 88 planches. (Ouvrage très recherché, légèrement taché de rousseur). Demi-rel. chagr. rouge.

110 **Grad, Ch.** L'Alsace, sa situation et ses ressources au moment de l'annexion. Paris 1872, in-8°, 69 p., cart. demi-perc.

111 — A travers l'Alsace et la Lorraine. Texte et dessins inédits. Paris 1884—1888, in-4°. (Réunion des numéros du „Tour du Monde"). Demi-rel. verte.

112 **Grandidier, Ph. Andr.** Anecdotes relatives à une ancienne confrairie de buveurs, établie sur les confins de la Lorraine et de l'Alsace; extraites . . . d'un manuscrit composé par M. l'abbé Grandidier. Nouv. édit. par Jean Cayon. Nancy 1864, in-8°, VIII—24 p., cart. orig. (Tiré à 120 exempl.)

113 **Guérin, la famille.** — Charavay, Etienne. Une famille de peintres alsaciens. Les Guérin. 1734—1846. Paris 1880, in-4°, 26 p., papier vergé, br. Av. 2 eaux-fortes. (Tiré à 75 ex. — No. 61. — Très rare).

114 **Guerre de 1870—1871.** — Campagne (la) de 1870. Récit des Evénements militaires depuis la déclaration de guerre jusqu'à la capitulation de Paris. Woerth — Sedan — Metz — Paris. Trad. du „Times" par Roger Allou. Paris 1871, in-16, XV—287 p., br. Av. 1 grav.

115 — Commission franco-allemande de Liquidation réunie à Strasbourg. Extr. (p. 125 à 176) des „Documents diplomatiques. Affaires étrangères. Décbr. 1873". S. l. ni d., pet. in-fol., demi-rel. chagr. rouge.

116 — Delmas, Emile. De Froeschwiller à Paris. Notes prises sur les champs de bataille. Paris 1871, in-16, II—263 p., demi-rel. perc.

117 — Delmas, L. Le Crime de la Guerre. La Rochelle 1871, gr. in-8°, cart. demi-perc. (Taches d'eau).

118 **Guerre de 1870—1871.** — Halévy, Ludovic. Récits de guerre: L'Invasion 1870—1871. Dessins par L. Marchetti et Alfred Paris. Paris, s. d., in-4°, 247 p., rel. perc. orig., fers spéciaux, tête dorée. Av. nombr. illustr. et planches color.

119 — Hiltl, G. Der Französische Krieg von 1870 u. 1871. Illustr. v. Woldemar Friedrich u. s. w. Bielef. 1873, gr. in-8°, IV—742 p., pl. rel. perc., fers spéc. (Reliure disloquée).

120 — Lichtenberger, F. Le Protestantisme et la Guerre de 1870. 2e édit. (Extr. de la „Revue chrétienne"). Strasb. 1871, gr. in-8°, 40 p., demi-rel. perc.

121 — Paris, Henri. Les Conditions de la Paix, ou la Lorraine et l'Alsace. 2e édit. Reims 1871, in-8°, 110 p., demi-rel. perc.

121a — Pendant l'Armistice. Dernière protestation d'un Strasbourgeois. Genève (1871), in-8°, 15 p., demi-rel. perc.

122 — Poullet (le Colonel). L'Invasion de l'Est: Le Général Cremer. Les opérations militaires en 1870—1871. 4e édit. augm. de notes et de 2 cartes. Paris 1871, in-12, 116 p., demi-rel. perc.

123 — Poullin, Marcel. Les Forteresses françaises en 1870—1871. Nos places perdues d'Alsace-Lorraine. Tableau de la guerre, Strasbourg, La Petite-Pierre, Schlestadt, Lichtenberg, Neuf-Brisach, Bitche. Paris, s. d. (1890). 2 vol. in-8°, demi-rel. perc.

124 — Proal, Jules. Le village d'Alsace. Episode de la guerre. (Poésie). Paris 1871, gr. in-8°, 8 p., cart. demi-perc.

125 — Prométhée (Le), par les Prisonniers français. Huit Causeries. Spandau 1871, pet. in-fol., 32 p. autogr., avec illustrations, cart. orig.

126 — Protocoles de la Conférence de Francfort et Convention additionnelle du 11 déc. 1871. Paris, Imp. Nat., 1872, pet. in-fol., 115 p., demi-rel. chagr.

127 — Rosseeuw Saint-Hilaire, E. La Délivrance. Paris 1871, in-8°, 67 p., demi-rel. perc.

128 — Rothan, G. L'affaire du Luxembourg. — Le prélude de la guerre de 1870. 4e édit. Paris 1884, in-8°, 528 p., demi-rel. perc.

129 — Tiedemann, B. von. Der Festungskrieg im Feldzuge gegen Frankreich 1870—1871. Mit 19 lith. Plänen. Berlin 1872, gr. in-8°, VI—271 p., br.

130 — Traité de paix conclu le 10 mai 1871, entre la France et l'Allemagne. — Convention additionnelle au dit Traité, signée à Francfort le 11 déc. 1871. (Extraits du „Journal officiel"). Gr. in-8°, 14—18 p., cart. demi-perc.

131 — (Warnod). Amour ou Patrie. Souvenirs d'Alsace 1870—1871. Paris 1872, in-18, demi-rel. chagr. rouge.

132 — Zimmermann, Guillaume. La Guerre franco-allemande illustrée, en 1870—1871. 32 Nos. in-fol., av. grav. sur bois, 263 p., rel. toile orig.

133 **Haguenau.** — Klélé, J. Hagenau zur Zeit der Revolution 1787—1799 (18 Brumaire VIII). Strassb. 1885, in-8°, III—327 p., br.

134 **Hallez-Claparède.** Réunion de l'Alsace à la France. Paris 1844, in-8°, XVIII—348 p., demi-rel. perc.

135 **Hartmann, Karl Friedrich.** Lieder und Gedichte den vaterländischen Freunden . . . gewidmet. Strassb. 1819, in-18, 730 p., demi-rel. perc. Avec frontispice gravé par Oberthür.

136 — Chansonnier Alsacien dédié aux amateurs du Chant français et allemand. (Texte franç. et allem.) Strasbourg 1824, in-12, VI—316 p., demi-rel. perc.

137 — Alsatische Saitenklänge. Sämmtliche Gedichte. Strassb. 1848, in-8°, VIII—495 p., demi-rel. toile. Av. front. col.

138 **Haut-Koenigsbourg.** — Inventarium der fahrenden Habe auf dem Schlosse Hohenkönigsburg. 19. März 1530. S. l. ni d. (pages 304 à 329 d'un vol. de l'„Alsatia" de Stoeber), in-8°, br.

139 **Hazweiess.** Festnummer (No. 25). Numéro de fête pour l'assemblée générale du 2 déc. 1894 .... Strasb. (1894), in-fol. Album de 16 pages avec dessins de A. Koerttgé, Th. Haas, Ch. Spindler, J. Sattler, Ch. Ehrmann, et autres, en demi-rel. perc.

140 **Hecht, L.** Les Colonies lorraines et alsaciennes en Hongrie. (Nancy 1879), in-8°, p. 219 à 268 d'un vol. de Mémoires lorrains, cart. demi-perc.

141 **Heidelberg.** — Ristelhuber, P. Heidelberg et Strasbourg. Recherches biographiques et littéraires sur les étudiants alsaciens immatriculés à l'Université de Heidelberg de 1386 à 1662. Paris 1888, gr. in-8°, VIII—143 p., demi-rel. perc.

142 **Heilmann, Aug.** Les paysans d'Alsace, l'impôt et l'usure. Strasbourg 1853, in-8°, IV—164 p., demi-rel. perc.

143 **Hervé, Isabelle.** — R(itleng), A. Nécrologie. Strasbourg 1897, in-18, 4 p., br.

144 **Heyden, Jacobus von der.** Speculum Cornelianum. In sich haltent: Viel artiger Figuren / betreffent das Leben eines vermeynden Studenten / ... Jetzt auffs newe mit vielen schönen Kupfferstücken / ... vermehrt vnd gebessert. Strassb. anno 1618. Reproduit en photolith. par E. Stribeck 1879. Av. 2 front., 8 p. de texte et 57 pl. — A la suite: **Stambuch der jungen Gesellen.** Anno 1617. Reprod. photolith. Av. 1 front. et 60 pl. 1 vol. in-8° oblong, demi-rel. chagr., tr. rouges.

145 **Hoche, Lazare (le Général).** — Procès verbal de l'Administration municipale de la Commune de Strasbourg sur la célébration en cette commune de la Cérémonie funèbre en mémoire du Général Hoche. Strasb. (1797), in-16, 20 p., cart. demi-perc.

146 **Hottinger, Dr. Chr. G.** Elsass-Lothringen. Strassb. 1883, in-12, 336 p., demi-rel. perc. Avec nombreuses gravures.

147 **Hugo, A.** Départements des Haut- et Bas-Rhin. („France pittoresque", tome III. 5 et 6). Paris (1832), in-4°, 16 p. à 2 col., cart. Av. 8 pl., cartes, grav., portraits).

148 **Humann, Jean-Georges.** — Marsan, A. de. Notice sur la vie et les travaux de M. Humann, anc. ministre des finances. Paris 1842, in-8°, 61 p., demi-rel. perc.

149 **Huningue.** — Casteig, l'abbé. La défense d'Huningue en 1815 et le Général Barbanègre .... Pau 1897, gr. in-8°, 138 p., br. Av. portr. et 2 pl. photolith.

150 **Huot, Paul.** Des Vosges au Rhin. Excursions et causeries alsaciennes. Paris 1866, in-12, VIII—597 p., pl. rel. perc.

151 **Jacquemart, Albert.** Exposition en faveur de l'oeuvre des Alsaciens et Lorrains demeurés français. (Extr. de la „Gazette des Beaux-Arts"). Paris 1874, gr. in-8°, 41 p., cart. demi-perc. Av. gravures.

152 **Incunables et Impressions du 16e siècle. —**
1501. — Wimpffeling, Jac. Declamatio Philippi beroaldi, de tribus fratrib. ebrioso: scortatore & lusore. Germania Jacobi wimpffelingij ad Rempublica Argen. ... Argent. 1501, in-8°, 44 feuillets, pl. rel. veau. Av. 2 grav. sur bois.

153 — **1508.** — Geiler, Ioh. Predigten Teutsch: vnd vil gütter leeren Des hochgeleerten herrn Johan von Kaiserperg. In d gotliche geschrifft doctor vnd prediger zu dem hohen stifft. vnser lieben frauwen mynster. der stat Strossburg. 1508, pet. in-fol. de 156 ff (feuillet 38 manque) à 2 colonnes par page. Av. initiales rouges et un frontispice colorié (grav. sur bois). Bel exempl., rel. anc., av. 2 fermoirs.

154 — **1523.** — **Indagine**, Joannem. Die kunst der Chiromantzey / vsz besehung der hend. — Physignomey / vsz anblick des menschens. — Natürlichen Astrologey noch dem lauff der Sonnen ..... zusammen verordnet / vnd verteütscht durch den hochgelerntn vnd weytbe-

rümpten gemelter künsten / herren Joannem Indagine / Pfarherrn zu Steynheym . . . . Getruckt zu Strassburg / durch Joannem Schott Buchtrucker zum Thyergarten. Anno 1523, 71 feuillets, in-4°. Av. grand nombre de gravures sur bois et le portr. de l'auteur, attribués à H. Baldung. Bel exempl., cartonnage moderne.

155 — **1523.** — Zell, Matthias. Christeliche verantwortung M. Matthes Zell von Keyssersberg Pfarrherrs vnd predigers im Münster zu Strassburg / vber Artickel jm vom Bischöfflichem Fiscal daselbs entgegen gesetzt /vnnd im rechten vbergeben. S. l. 1523, pet. in-4°, 184 feuillets, grav. sur titre, demi-rel. parch. Bel exemplaire.

156 — **1525.** — (Capito, Wolffgang). Der Stifft von sanct Thoman zu Strassburg vszschryben vnd protestation / Wider ettliche vngüttliche handlung Jüngst vor Keyserlicher Maiestatt Regiment zu Esslingen fürgenomen. Anno 1525, in-8°, 8 p., br.

157 — **1585.** — Ausschreiben vnd Gründtlicher / Wahrhafftiger / Beständiger Bericht Vnser Georgen von Seyn / Graffen zu Witgenstein / Herren zu Homburg etc. Thumbprobsten zu Cölln / jetziger zeyt Dechanats Statthaltern Hoher Stifft Strassburg etc. . . . . / Warumb wir vns etlicher vnserer Mitcapitularen / der Bäpstischen Religion verwandten / vurhüwigen / gefehrlichen allen Ständen der Augspurgischen Confession gantz preiudicirlichen / sonderlich aber den Euangelischen Chur / Fürst / Graff / vnnd Herrlichen Heusern nachtheyligen newerungen / . . . . . bisshero widersetzen müssen / auch letstlich Hoher Stifft Strassburg Bruderhof zu erhaltung vnserer rechtmässig erlangten / vnd wol herobrachten gerechtigkeit vns zunehern verursacht worden / . . . . . . (Strassb., Jobin?), 1585. 1 vol. pet. in-4°, dérelié.

158 — **1586.** — Acta und Handlungen der Kais: naher Strassburg verordneter Commissarien, belangend der Euangel: Capitularn auss vnd abschaffung. 1 & 2. Theil. S. l. 1586, pet. in-4°, VII—203 p., demi-rel.

159 **Jundt, G.** Les Cigognes. Légende rhénane, rêvée et dessinée par G. Jundt, racontée aux tout petits par Alphonse Daudet. Paris (1884), in-4°, rel. toile orig.

160 — Hans. Fantaisie allégorique pour tous les âges, racontée à son petit neveu. Nancy (1883), in-4°, 30 planches av. texte, rel. toile orig.

161 **Jundt, Gustave.** — Gustave Jundt. Notice biogr. av. liste de ses tableaux exposés aux Salons. Paris 1884, gr. in-8°, 20 p., cart. demi-perc. Av. portrait.

162 **Junker, Ch.** L'Alsace. Conférence donnée à la Société de Géographie de Roubaix. (Extr. du „Bull. de la Soc. de Géogr. de Lille"). Lille 1885, in-8°, 28 p., cart. demi-perc.

163 **Kaeppelin, R.** L'Alsace à travers les âges, son unité d'origine et de races avec la France, ses liens avec la Lorraine, ses rapports avec l'Allemagne. Paris 1890, in-18, VIII—367 p., demi-rel. toile.

164 **Kehl.** — (Dedon l'aîné). Mémoire militaire sur Kehl, contenant la relation du passage du Rhin par l'armée de Rhin et Moselle . . . . Par un officier supérieur de l'armée. Strasb. 1797, 124 p. Av. 1 carte. Demi-rel. perc.

165 **Kellermann, F. C.** — Récit de la fête donnée à Son Excellence Monsieur Kellermann, Maréchal d'Empire . . . par la Ville de Strasbourg (le 16 Mai 1805). Strasbourg 1805, in-8, 7 p., cart.

166 **Kléber, Jean-Baptiste.** — Ernouf (Baron). Le Général Kléber. Paris 1867, in-18, VII—335 p., demi-rel. toile.

167 — Holl, Paul. Le Général Kléber. Notes et souvenirs publiés à l'occasion du centenaire de sa mort. Strasb. 1900, gr. in-8°, 43 p., cart. demi-perc. Av. 3 pl. photolith.

168 **Kléber, Jean-Baptiste.** — Kern, Georges. Geschichtliche Skizzen. Kleber, 9. März 1753. † 14. Juni 1800. Strassb. 1901. in-16, III—1/2 p., cart. demi-perc.

169 **Klinglin, Christophe de.** — Précis pour Dame Marie-Anne-Josephe, née Comtesse de Monjoye, veuve de Messire Christophe de Klinglin . . . ., et Dame Marie-Anne-Sophie de Klinglin, Epouse de Messire Paul, Comte de Falletans, ... contre Marguerite Nunlist, veuve Haffner, Chaudronnière à Colmar . . . (Colmar) 1769, in-4°, 26 p., br.

170 — Mémoire justificatif pour les Héritiers et Représentans feu M. de Klinglin, premier Président Honoraire du Conseil Souverain d'Alsace, dans l'affaire contre la Veuve Haffner. (Colmar) 1769, in-4°, 32 p., br.

171 **Kochersberg.** — Stöber, August. Der Kochersberg, ein landschaftliches Bild aus dem Unter-Elsass. Mülhausen 1857, in-24, br.

172 **Koenigshoven, Jacques de.** — Hollaender, Simon Fridericus. Jacobum Twingerum Regiovillanum vulgo Jacobum de Koenigshoven. Argentorati 1789, pet. in-4, 30 p., demi-rel. basane. Av. 1 planche, plus le portr. d'Oberlin ajouté. (Dissertation).

173 **Koerttgé, Albert.** — Girodie, André. Biographies alsaciennes: Albert Koerttgé. (Extr. de la „Rev. alsac. ill.") Strasb. 1904, in-4°, 12 p., br. Av. grav. et planches hors texte.

174 **Krug Basse, J.** L'Alsace avant 1789, ou Etat de ses Institutions provinciales et locales, de son Régime ecclésiastique, féodal et économique, etc. Paris et Colmar 1876, in-8°, 361—5 p., cart. demi-toile.

175 **Kunstgewerbe (Das) in Elsass-Lothringen.** Jahrgang I—V. (Collection complète). Strassb. 1900—1905, in-4°, en numéros brochés.

176 **Kunschthafe-Album 1899.** Album artistique av. texte et planches par Ch. Spindler, L. Hornecker, A. Koerttgé, E. Stahl, et autres. Strasb., Impr. Alsac., 1899, in-fol., cart. orig.

177 **Laguille, R. P. Louis.** Histoire de la province d'Alsace depuis Jules César jusqu'au mariage de Louis XV. Avec des figures en taille-douce, des plans, des cartes géographiques et un recueil de pièces, qui peuvent servir de preuves aux faits importants. 2 parties en 2 vol. Strasbourg 1727, in-fol., rel. veau. anc. (Bel exempl.)

178 **Landsberg, Herrade de.** Hortus deliciarum. Publié aux frais de la Soc. pour la Conservation des Mon. hist. d'Alsace. Texte explicatif commencé par le Chanoine A. Straub, † 1891, et achevé par le Chanoine G. Keller 1879—1899. Strasb., gr. in-fol., demi-rel. chagr. rouge, av. coins. (Ouvr. de gr. luxe, av. nombr. planches photolith.)

179 — Le Noble, Alexandre. Notice sur le Hortus deliciarum, encyclopédie manuscrite composée au 12e siècle par Herrade de Landsberg, abbesse du monastère de Hohenbourg (Sainte-Odile) en Alsace, et conservée à la Bibliothèque de Strasbourg. (Extr. de la „Bibl. de l'Ecole des Chartes"). (Paris 1840), in-8°, 24 p., cart. demi-perc. Av. 1 planche lith.

180 **Lazarque, E. Auricoste de.** Lointains Souvenirs. Metz 1893, in-18, 110 p., cart. demi-perc.

181 **Le Brun-Dalbanne.** L'Exposition d'Alsace-Lorraine. Troyes 1875, gr. in-8°, 84 p., br. (Extr. des „Mémoires de la Soc. Académ. de l'Aube").

182 **Lefebvre, François-Jos.** — Blumstein, Félix. Le Maréchal Lefebvre intime (Correspondance inédite). Strasb. 1900, in-8°, 38 p., br. (Extr. des „Bulletins de la Soc. des sciences, agricult. & arts de la Basse-Alsace").

183 **Légendes d'Alsace.** — (Berdellé, Ch.) Légendes et Traditions alsaciennes. Traduites de l'allemand d'Aug. Stoeber, Fréd. Otte, etc., par Carl Allmann. Haguenau 1869, in-12, 24 p., demi-rel. perc.

184 — Laurent, J. J. Les Légendes de l'Alsace. Paris 1865, in-8, IV—119 p., demi-rel. perc.

185 **Lehr, Ernest.** Mélanges de littérature et d'histoire alsatiques. Strasbourg 1870, in-8°, VI—248 p., demi-rel. perc. (Tiré à 160 ex. sur papier de Hollande).

186 **Léon IX.** — Spach, Louis. Saint-Léon IX, le Pape alsacien. (Extr. du „Bull. de la Soc. . . . . des Mon. hist.") Strasbourg 1864, gr. in-8°, 27 p., br.

187 **Le Roy de Sainte-Croix.** L'Alsace en Fête, ou Histoire et description des fêtes, cérémonies, solennités, réjouissances, réunions . . . de l'Alsace. T. I. Strasb. 1880, gr. in-8°, LXXI—738 p., demi-rel. perc. rouge. (N'a pas été continué).

188 — L'Alsace en fête sous la domination des Louis de France. Avec la reproduction en photogravure de la „Représentation des fêtes données par la ville de Strasbourg pour la convalescence du roi, à l'entrée et pendant le séjour de S. M. dans cette ville, par J. M. Weis". Strasb. 1880, in-4, VIII—202 p., texte encadré d'un filet bleu. Avec 12 grandes planches. Demi-rel. chagr. orig., plats perc., fers spéc., tranches dorées.

189 — Encore les Dames d'Alsace devant l'histoire, etc. („Petite Collection alsacienne"). Strasb. 1880, in-18, X—438 p., demi-rel. perc.

190 **Lezay-Marnésia, Adrien Comte de.** — Spach, L. Adrien Comte de Lezay-Marnésia, Préfet du Bas-Rhin. Notice biographique. (Extr. de „l'Alsacien"). Strasb. 1854, in-18, 88 p., demi-rel. veau.

191 **Lichtenberg, Conrad de.** — Spach, Louis. Une charte de l'Evêque Conrad de Lichtenberg. (Feuilleton de „l'Alsace"). Strasbourg 1841, in-8, 8 p., demi-rel. toile.

192 **Liturgie. — 1603.** — Kirchen-Ordnung / Wie ess mit der Lehre Göttliches Worts / vnd den Ceremonien / . . . . In der Kirchen zu Strassburg / bis hieher gehalten worden / . . . Strassburg, Jost Martin. 1598, pet. in-4°, VIII—375 p., cart.

193 **Lorraine.** — Georgel, J. Alcide. Armorial historique et généalogique des familles de Lorraine titrées ou confirmées dans leurs titres au 19e siècle. Elbeuf 1882, in-4°, VIII—719 p., demi-rel. amat., dos et coins en chagr. noir, tête rouge, non rogné. Orné de 300 écussons en noir, ainsi que de nombreux fleurons, culs-de-lampe et têtes de chapitres. (Superbe exemplaire).

194 — Lapaix, C. Armorial des villes, bourgs et villages de la Lorraine, du Barrois et des Trois-Evêchés. 2e édit. Nancy 1877, gr. in-8°, 346 p., demi-rel. perc. rouge, av. coins, non rogné. Av. 6 planches grav. sur cuivre et nombreux dessins dans le texte. (Bel expl.)

195 **Martin.** Le maistre d'armes, ou l'Abrégé de l'exercice de l'épée, démontrée par le Sieur Martin, maistre du fait d'armes de l'Académie de Strasbourg. Orné de figures en taille douce. Strasb. 1737, in-18, 189 p., cart. (Très rare).

196 **Mehl, Charles.** — Larchey, Lorédan. Charles Mehl, 1831—1896. (Nancy 1896), in-8°, 25 p., br.

197 **Ménard, René.** L'Art en Alsace-Lorraine. Paris 1876. 1 vol. in-4°, 558 p., demi-rel. chagrin brun, plats perc., tête dorée. Avec nombreuses gravures dans le texte et hors texte. (Bel exempl.)

198 **Merian, M.** Topographia Alsatiae, etc. Das ist / Beschreibung und eygentliche Abbildung der vornehmbsten Staett u. Oerther im Obern u. Untern Elsass / etc. Francfurt a. M. 1644, in-fol., IV—59 p. Av. 36 planches gravées. — Anhang zu dess Martini Zeilleri Anno 1643, getruckter Topographia Alsatiae . . . Franckf. 1654, 70 p. Av. 5 pl. grav. — Les deux en 1 vol. rel. parch.

199 **Monuments français** en Alsace. (Extr. de la „Nouvelle Revue"). Paris 1892, gr. in-8°, 24 p., cart. demi-perc.

200 **Moreau, Victor.** — Histoire du Général Moreau, jusqu'à la paix de Lunéville, contenant une notice sur la vie de ce général, ses campagnes sur le Rhin et en Italie .... Paris, an X (1801), in-18, XXVIII —250 p., demi-rel. perc. Av. portr. gravé.

201 **Morville de Rouvrois, Th. de.** Voyage pittoresque en Alsace par le chemin de fer de Strasbourg à Bâle, par Th. de M. de Rouvrois. Mulhouse 1844. 1 vol. in-8°, demi-rel. perc. Av. nombreuses illustrations. Quelques pages tachées de rousseur).

202 **Mossmann, X.** Un échec militaire de Henri IV en Alsace, d'après des documents inédits. (Extr. du „Bulletin du Musée hist.") Strasbourg 1881, gr. in-8°, 31 p., cart. demi-perc.

203 — Mélanges alsatiques. (La ligue inférieure en Alsace. — Le Prévot Jean Roesselmann. — Rosheim et le grand bailliage. — Glanes rétrospectives). Colmar 1892, in-8°, 212 p., demi-rel. perc. (Tiré à 100 exemplaires).

204 **Musique.** — Weckerlin, J. B. Chansons populaires de l'Alsace. (Les Littératures popul., T. XVII et XVIII). Paris 1883. 2 vol. in-18, CXXIII—334—376 p., sur pap. de Hollande, cart. toile rouge orig., non rognés.

205 **Nettancourt, C. J. marquis de.** (L'Alsace à la fin du règne de Louis XIV). Esquisse du travail à faire sur la défense et la conservation de l'Alsace de 1710 à 1714, au moyen des papiers et documents provenant de Jacques Bazin de Besons. Poitiers et Paris 1879, in-24, 72 p., cart.

206 **Neyremand, de (fils).** Séjour en Alsace de quelques hommes célèbres. Erasme—Voltaire—Alfieri—Delille—Casanova. (Extr. de la „Petite Gazette d'Alsace"). Colmar 1860, in-8°, 114 p., demi-rel. perc.

207 **Nicot, Lucien, et P. de Pardiellan.** L'Alsace-Lorraine et l'Armée franç. Paris, s. d. (1895), in-12, III—267 p., demi-rel. perc.

208 **Niederbronn.** — Matthis, Ch. Aus Niederbronn's alten Zeiten. Seine Vorgeschichte, seine römischen Bäder u. deren Entdeckung im J. 1593. Illustriert von Leo Schnug. Strassb. 1901, in-8°, 60 p., cart. demi-perc.

209 **Obrecht, D. Georg.** Patriotische Gedenck-Rede .... gehalten in Strassburg ... den 13. Jan. 1659. Dess Herren Wort bleibet in Ewigkeit. 1. Petri 1. 25. Strassb. 1659, in-fol., 28 p., cart. Av. titre et 3 portr. gravés.

210 **Obrecht, Ulric.** — Reuss, Rod. Correspondance intime entre Ulric Obrecht, Préteur royal, et Jean-Baptiste Klinglin, Avocat général et Syndic de la ville libre de Strasbourg (1688—1698). (Extr. de la „Revue d'Alsace"). Paris 1899, in-8°, 64 p., br.

211 **Observations** sur le Recueil qui a pour titre „Formulae Alsaticae". S. l. ni d., in-4°, p. 176 à 207 (du T. 36 de l'Histoire de l'Académie royale des Inscriptions et Belles-Lettres), cart. demi-perc.

212 **Offrande** (l'). Aux Alsaciens et aux Lorrains. Par la Société des Gens de Lettres. Paris 1873, in-18, 331 p., demi-rel. perc. Avec 1 eau-forte.

213 **Ordonnances.** — Statuts et privilèges de la noblesse franche et immédiate de la Basse-Alsace, accordés par les anciens empereurs, confirmés et augmentés par le roy. Strassb. 1713, in-fol., 176 p., pleine rel veau anc.

(Texte allemand et traduction française en regard).

214 **Orléans, Robet d', Duc de Chartres.** Une visite à quelques champs de bataille de la vallée du Rhin. Bruxelles et Berlin 1869, in-18, 255 p., demi-rel. perc.

215 **Ott, Edmond.** Un mot d'histoire sur l'Alsace et Strasbourg. 496—1681, 1789, 1870—1884. Paris 1884, in-8°, VIII—79 p., cart. demi-perc.

216 **Papelier, Jean David de.** — Titre de Noblesse du 20 octobre 1762. **Manuscrit de 14 p. in-fol., sur parchemin,** en allemand, d'une calligraphie fort soignée. Av. les armes en couleurs et en or. Rel. velours. (Pièce très précieuse).

217 **Pigalle, Jean-Baptiste.** — Tarbé, P. La vie et les oeuvres de Jean-Baptiste Pigalle, sculpteur. Paris 1859, in-8°, 268 p., rel. toile.

218 **Rapp, Jean.** — Notice historique sur le lieutenant-général Comte Rapp, par Mr. J. M. . . ., son aide de camp. S. l. ni d. (Strasb. 1821), in-8°, 18 p., cart. demi-perc.

219 **Ratisbonne, Louis.** Les six Alsaciennes. Poésies. Paris 1885, in-18, 23 p., cart., dos perc.

220 **Régamey, Mme. Frédéric.** Quatre ans d'Alsace. Frédéric Régamey. (Extr. de la „Revue alsac. ill."). Gr. in-4°, 14 p., br. Av. gravures.

221 **Reiber, Emile.** Les propos de table de la Vieille Alsace. Illustrés tout au long de Dessins originaux des anciens Maîtres alsaciens. Paris 1886, in-4°, XVI—232 p., sur pap. des Vosges à la forme, demi-rel. veau, av. coins, tête rouge, couv. orig. ill. (Bel. exempl.)

222 **Reinhard, Aimé.** Le Drapeau en deuil à Retournemer. Nancy 1894, in-18, 7 p., cart. demi-perc.

223 **Reuss, Rodolphe.** Marc-Antoine Rochon de Chabannes et sa correspondance avec M. de Gérard, préteur royal, relative à sa comédie „La Tribu", représentée à Strasbourg, le 1r Octobre 1781. Strasb. 1899, in-8°, 19 p., br.

224 — Une Médaille alsatique. Documents inédits tirés des archives municipales de Strasbourg. Av. une reproduction de la médaille du Centenaire de 1781. Strasb. 1902, in-8°, 41 p., br. (Extr. de la „Revue d'Alsace").

225 — Un chapitre de l'histoire des Persécutions religieuses. Le Clergé catholique et les enfants illégitimes protestants et israélites en Alsace au 18e siècle et au début de la Révolution. Paris 1903, in-8°, 27 p., br. (Extr. du „Bulletin de la Soc. de l'Hist. du Protestantisme franç.")

226 **Révolution française.** — 120 pièces diverses — brochures, feuilles-volantes, affiches, etc. — des années 1789 à 1815, plus une vingtaine de pièces du 18e siècle précédant la Grande Révolution. Toutes collées dans un album très gr. in-fol., demi-rel. perc.

227 — Avis aux vrais Citoyens soldats de quel grade qu'ils pourroient être . . . donné jadis aux Chefs des Chambres par un Officier françois, traduit et renouvellé par un Ami du militaire. Strasb., an I (1792), in-24, 22 p., demi-rel. perc.

228 — Considérations sur les Droits particuliers et le véritable intérêt de la Province d'Alsace, dans la présente situation polit. de la France, ... Strasb. 1789. gr. in-8°, VI—198 p., demi-rel. perc.

229 — Délibération de l'Administration centrale du département du Bas-Rhin, du 9 Fructidor, l'an 5. Strasb., s. d., in-8°, 8 p., br.

230 — Dialogue entre un Citoyen et un Soldat. Par Mr. T. D. M. Capitaine d'Artillerie. Franç. et allemand. Strasb., Impr. Le Roux, s. d., pet. in-4°, 15 p. à deux colonnes, br.

231 — Doléance d'un Alsacien, sur la discordance des observations d'un de ses compatriotes avec les véritables intérêts de sa Province, et même de celles de tout le Royaume. S. l. ni d., in-12, 14 p., demi-rel. perc.

232 — Fête anniversaire de la juste punition du dernier Roi des Français. Texte franç., av. trad. allemande. Strasb., an VII, in-12, 15 p., cart. demi-perc.

233 — Fischbach, Gustave. Révolution française. — La Fuite de Louis XVI, d'après les Archives municipales de Strasbourg. Paris 1879, in-8°, VIII—244 p., demi-rel. toile. Avec fac-similé d'une gravure du temps: Exécution populaire à Strasbourg. (Tiré à 300 exempl.)

234 **Révolution française.** — Heitz, Fr.-Ch. L'Alsace en 1789. Tableaux des divisions territoriales et des différentes seigneuries de l'Alsace existant à l'époque de l'incorporation de cette province à la France. Strasbourg 1860, in-4°, 32 p., cart. orig.

235 — Lettre du Roi pour la convocation des Etats-généraux, à Versailles, le 27 Avril 1789. Paris 1789, in-4°, 8 p., cart. demi-perc. — A la suite: Lettres patentes du Roy, pour l'exemption du droit d'aubaine en faveur de la Noblesse immédiate . . . . Colmar 1769, pet. in-4°, 8 p.

236 — Posselt, D. Ernst Ludw. Lexikon der franz. Revolution, oder Sammlung von Biographien der wichtigsten Männer . . . . . Bd. I.: Enthält S. 222—256 die **Biogr. Klebers.** Nürnberg 1802, in-12, VIII—280 p., demi-rel. basane. Titre ill. par **B. Zix.**

237 **Revue d'Alsace.** — Reuss, Rod. Les premières Revues d'Alsace (1834—1837). Notice hist. et littéraire. (Extr. de la „Revue d'Alsace"). Strasb. 1901, gr. in-8°, 34 p., br.

238 **Revue alsacienne.** Littérature, Histoire, Sciences, Poésie, Beaux-Arts. **Années 1 à 6.** Paris & Nancy 1877—1893, 6 vol. in 8°, demi-rel. parch. Av. grav.

239 **Ribaupierre.** — Bernhard, B. Notice sur la Confrérie des Joueurs d'instruments d'Alsace relevant de la juridiction des anciens Seigneurs de Ribeaupierre. (Extr. du T. III de la „Rev. hist. de la Noblesse"). Paris 1844, gr. in-8°, 24 p., br.

240 **Ribeauvillé.** — Stadt Rappoltsweiler. Der Pfeifertag (1390—1890). Festschrift zur Erinnerung an das 500jährige Fest-Jubiläum des Pfeifertags. Mülhausen 1890, in-8°, 39 p., cart. demi-perc. Avec figures et planches, dont 2 en couleurs.

241 **Ristelhuber, P.** L'Alsace à Morat. Etude historique publiée à l'occasion du quatrième centenaire de la bataille de ce nom. Avec pièces inédites. Paris 1876, in-8°, VI—50 p. (incompl. des p. 49 et 50), cart. demi-perc.

242 — Bibliographie alsacienne 1870. (Chronique de la guerre). Strasb. 1871, in-8°, VI—206 p., br. (Taches de rousseur).

243 — Liber vagatorum. Le livre des gueux. Strasb. 1862, in-16, LXII—67 p., demi-rel. veau, av. coins, à très grandes marges. (Tiré à 115 exempl. sur pap. de Holl.)

244 **Rohan, Louis de.** — Zorn v. Bulach, Bon. L'Ambassade du Prince Louis de Rohan à la Cour de Vienne. 1771—1774. Strasb. 1901, gr. in-8°, XV—168 p., br. Av. 3 pl. photolith.

245 **Rohan (Les Cardinaux de).** — Le Roy de Sainte-Croix. Les quatre Cardinaux de Rohan (Evêques de Strasbourg) en Alsace. (De la „Grande collection alsacienne"). Strasbourg et Paris 1881, gr. in-8°, 194 p., demi-rel. toile.

246 — Gerspach. Une Tapisserie des Rohan. (Extr. de la „Revue Alsacienne"). S. l. 1890, gr. in-8°, 8 p., br. Av. 4 grav.

247 **Roehrich, Mme. Ernest.** A travers notre Alsace. Paris 1894, in-16, VIII—224 p., cart. demi-perc.

248 **Rosheim.** — Blumstein, Félix. Rosheim et son histoire. (Extr. de la „Revue cathol. d'Alsace"). Rixheim 1900, in-8°, 67 p., cart. demi-perc.

249 **Rothmüller, J.** Vues pittoresques des Châteaux, Monumens et Sites remarquables de l'Alsace, dessinées d'après nature et lithograph. Avec texte de R. Yves. Colmar 1839, in-4°, demi-rel. veau. Av. 124 pl. lith.

250 **Rouget de Lisle, Claude-Joseph.** — Le Roy de Sainte-Croix. Le Chant de guerre pour l'armée du Rhin, ou la Marseillaise. (De la „Grande Collection alsacienne"). Strasb. 1880, gr. in-8°, 203 p., demi-rel. verte. Av. portr. et pièces de musique.

251 **Rouget de Lisle, Claude-Joseph.** — La Marseillaise illustrée. Edit. Aubert. Paris 1840, in-fol., 12 p., cart. demi-perc. Av. grav. et musique.

252 **Rumersheim.** — (Benoit, A.) Dans la Hart. Le Combat de Rumersheim, 26 août 1709. (Extrait). S. l. ni d., in-8°, 15 p., cart. demi-perc.

253 **Saint-Dié.** — Save, Gaston. Iconographie et Légendes rimées de la vie de Saint-Dié. (Extr. du „Bull. de la Soc. philom. vosgienne"). Saint-Dié 1905, in-8°, 41 p., br. Av. gravures.

254 **Sainte-Odile.** — Pfeffinger, Joh. Hohenburg oder der Odilien-Berg, sammt seinen Umgebungen in topograph. und geschichtl. Hinsicht geschildert. Strassburg 1812, in-8°, VII—104 p., demi-rel. toile. Mit 15 Plänen und Abbildungen. (Pl. I incomplète de la moitié).

255 **Saxe, Maurice Comte de.** — Blessig, Jean-Laurent. Discours prononcé par ordre du magistrat de Strasbourg à l'occasion de la translation du corps de M. le Maréchal de Saxe dans l'Eglise de St.-Thomas, le 20 août 1777. Strasb. (1777), in-4°, 43 p., br.

256 — Histoire de Maurice Comte de Saxe, Maréchal général des Camps & Armées de Sa Majesté très chrétienne, ... Dresde 1752. 2 vol. in-18, rel. basane, tr. rouges. Sans planches.

257 — — Même ouvrage. Dresde 1768. 2 vol. in-18, rel. basane, tr. rouges. Av. portr. gravé et 3 plans.

258 — Lorentz, Joh. Mich. Leichen-Rede, welche bey dem auf Hohen Königl. Befehl in Strassburg angestellten Leichen-Begängniss des weyland Hochgebornen und vortrefflichen Grafen und Herrn, Herrn Moritz von Sachsen, . . . nachdem Er zu Chambord den 30. Nov. 1750 in dem 55sten Jahre Seines Alters Sein Ruhm-volles Leben geendiget, ... in der Neuen Kirchen den 8. Febr. 1751 gehalten worden. Strasb. (1751), 28 p. — Fröreissen, Joh. Leonh. Lobrede (bei selbiger Gelegenheit). 14 p. — Frauenholz, J. C., Trauer-Music (bei ebenderselben Gelegenheit). 8 p. — Schneller, Dav. Andreas. Dem berühmtesten Helden dieser Zeit, dem tapfern Moritz, Grafen von Sachsen, . . . widmet an dem Tage dessen prächtiger Beisetzung . . . dieses Helden-Gedichte Dav. A. Schneller. 13 p. Av. en-tête gravée par Striedbeck. — Les quatre brochures réunies en 1 vol. pet. in-4°, br.

259 — Seilhac, Comte de. Les Batards de rois. Le Maréchal de Saxe. Paris 1864, in-16, IV—280 p., br.

260 — Vitzthum d'Eckstaedt, Comte C. F. Maurice Comte de Saxe et Marie-Josèphe de Saxe, Dauphine de France. Lettres et documents inédits des archives de Dresde. Leipzig 1867, gr. in-8°, XXVI —526 p., pl. rel. toile, non rogné.

261 **Schaeffer, Ad.** Tempi passati, 1840 à 1858. Nouv. édit., revue et considérablement augmentée (av. le portr. de l'auteur). Lausanne et Paris 1894, in-12, 347 p., br.

262 **Schlestadt.** — Dacheux, L. Sainte-Foy de Schlestadt. Son Saint-Sépulcre et ses tombes. Strasbourg 1893, gr. in-8°, 13 p., demi-rel. perc. Av. 8 pl. (Extr. du „Bull. de la Soc. des Monum. hist. d'Alsace").

263 **Schnéegans, A.** Pro Domo. Strasbourg 1878, in-8°, 52 p., demi-rel. perc.

264 **Schneider, Euloge.** — 10 pièces diverses (feuilles volantes et affiches) des années 1792 à 1794.

265 — Rathgeber, Julius. Strassburger Revolutionserinnerungen. Eulogius Schneider. Grossentheils nach ungedruckten Quellen. Strassb. 1891, gr. in-8°, 34 p., demi-rel. perc. Av. portr. — Y joint: Euloge Schneider, ci-devant accusateur public . . . aujourd'hui détenu à la prison de l'Abbaye, à Robespierre l'ainé. S. l., an II, in-4°, 4 p.

266 **Schoepflin, Joh. Dan.** Alsatia illustrata celtica, romana, francica. Colmariae 1751—1761. 2 vol. in-fol., rel. veau anc, tr. rouges. Av. nombr. planches grav. et superbe portr. par Heilmann. Paris 1746. (Bel exempl.)

267 **Schoppenwihr.** — H u o t, P. Schoppenwihr et son chartrier. Colmar 1863, gr. in-8°, 52 p., demi-rel. perc.

268 **Schricker, A.** Trésors d'art en Alsace-Lorraine. — Kunstschätze in Elsass-Lothringen. 140 planches photo-lith., av. légende en franç., allemand et anglais. Strasb. 1896, tr. gr. in-fol., demi-rel. veau, tr. rouges.

269 **Schutzenberger, Frédéric.** — S p a c h, L. Frédéric Schutzenberger, Maire de Strasbourg. (Extr. de la „Revue d'Alsace"). Colmar, s. d., in-8°, 18 p., br.

270 **Schützenberger, Louis.** — L a u g e l, A n s e l m e. Biographies alsaciennes: Louis Schützenberger. (Edit. de la „Revue Alsac. Illustrée"). Strasb., s. d., in-4°, 11 p. ill. et 14 planches hors texte, br.

271 **Schweighaeuser fils, J. G.** Enumération des monuments les plus remarquables du départ. du Bas-Rhin et des contrées adjacentes. Strasbourg 1842, in-8°, 48 p., demi-rel. perc.

272 **Schweighaeuser (Les).** — R a b a n y, C h. Les Schweighaeuser. Biographie d'une famille de savants alsaciens, d'après leur correspondance inédite. Paris 1884, in-8°, 128 p., br. Av. 4 portraits.

273 **Siebecker, Edouard.** L'Alsace. Récits historiques d'un patriote. Illustrations de F. L i x. Paris 1873, gr. in-8°, 396 p., demi-rel. ord. Av. 50 grav. et 1 carte.

274 **Sleidan, Joannes.** Warhafftige vnd Eigentliche beschreibung/ was sich in Geistlichen vnd Weltlichen Sachen/ bey Regierung dess Grossmechtigsten Fürsten vnd Herren/ herrn Caroli diss Namens des Fünfften/ Römischen Keysers verlauffen/ . . . . . Durch M a r c u m S t a m l e r von Augspurg/ auss dem Latin in die rechte Hochteutsche spraach verdolmetschet . . . . Getruckt zu Strassburg im jar 1558. 1 fort vol. gr. in-fol., rel. veau anc., les plats en bois, sans les 2 fermoirs.

275 **Spach, Louis.** Un droit de chasse accordé par l'empereur Henri II à l'évêque Wernher de Strasbourg. (Feuilleton de "L'Alsace"). Strasbourg 1842, gr. in-8°, 7 p., cart.

276 **Speckle, Daniel.** Architectura von Vestungen/ Wie die zu vnseren zeiten/ an Stätten/ Schlössern und Claussen/ zu Wasser/ Land/ Berg vnd Thal/ mit ihren Bollwercken/ Cavalieren . . . mögen erbawet werden. Jetz aber auffs new vbersehen/ mit fleiss verbessert/ . . . Strassb. 1608. 1 vol. in-fol., rel. parchemin. Avec nombreux plans et planches. Taches d'eau, autrement bel exempl. (Rare).

277 **Spetz, Georges.** — L a u g e l, A. Biographies alsaciennes: Georges Spetz. (Extr. de la „Revue Alsac. Illustrée"). Strasb. 1900, in-4°, 28 p. ill. et 4 planches, br.

Strasbourg.

278 — **Archives.** — (R i s t e l h u b e r, P.) Lettre sur les archives de la ville de Strasbourg. Strasbourg 1866, gr. in-8°, 49 p., demi-rel. perc.

279 — **Beck, F. N. L. Paul.** Factum oder aufrichtige und wahrhafte Erzehlung der Ungerechtigkeiten und unerhörten Grausamkeiten, welche theils der Königl. Praetor Joseph Klingling, theils der grosse Rath, auf dessen Anstiftung, wider die Person, Ehre, Haab und Güter des F. N. L. Paul Beck . . . im Mertz 1749 begangen hat. Franckfurt am Mayn 1752, in-fol., IV—92—98 p., demi-rel. parch. neuve. (La feuille de titre manque. — Taches d'eau).

280 — — Factum ou exposition . . . . des injustices et des cruautes commises à Strasbourg par le Préteur Roïal, Joseph Klinglin . . . . contre la personne . . . . de F. N. L. P. Beck . . . . en mars 1749. Av. un appendice de 112 pièces autentiques. Amsterdam 1752, in-fol., IV—92—103 p., demi-rel. toile mod., tr. jaspées.

Strasbourg.

281 — **Berger-Levrault, O.** Souvenirs strasbourgeois. Discours de réception, prononcé à l'Académie de Stanislas le 16 Mai 1895. Réponse de Mr. Ch. Pfister, président de l'Académie. Nancy 1895, in-8°, 61 p., cart. demi-perc. (Papier de Hollande). Av. 1 planche lith.

282 — **Bibliothèques.** — Blumstein fils, Félix. Excerpta e catalogo bibliothecae civitatis Argentinensis. Argentorati 1897, in-8°, IV—164 p., cart. demi-perc.

283 — — Blumstein père, F. La Bibliothèque municipale de Strasbourg et son histoire. (Extr. de la „Revue cathol. d'Alsace"). Rixheim 1903, gr. in-8°, 115 p., br.

284 — — Hausmann, Dr. S. Die Kaiserliche Universitäts- und Landes-Bibliothek in Strassburg. Festschrift z. Einweihung des neuen Bibliotheksgebäudes. Strassburg 1895, gr. in-8°, 51 p., demi-rel. chagr., av. coins, tr. rouges. Avec 7 illustr.

285 — — (Jung, André). Notice sur l'Origine des Bibliothèques publiques dans la ville de Strasbourg. Strasb. 1844, in-8°, 46 pages, demi-rel. perc. — On y a joint un extrait du journal „Le National", du 21 avril 1871, sur la Bibliothèque de Strasbourg; de même, un extrait du „Journal officiel", du 18 mars 1872, par C. Wescher, sur les Manuscrits grecs détruits par le bombardement.

286 — **Burck, A.** (Pseud. d'Aug. Adam). Strasbourg. Temporis acti. 3 articles tirés à part de la „Revue alsacienne". Paris 1886, in-8°, 18—8 p., demi-rel. perc.

287 — **Cahn, Julius.** Münz- und Geldgeschichte der Stadt Strassburg im Mittelalter. Inaugural-Dissertation. Mit 1 Tafel. Strassb. 1895, in-8°, 176 p., demi-rel. perc.

288 — **Capitulation de 1681.** — Carmen saeculare in Franciae regum tutelam transeunits Argentinae. S. l. ni d., pet. in-4°, 4 p., cart. demi-perc.

289 — — Weiss, Arm. Le 30 Septembre 1681. Etude sur la réunion de Strasbourg à la France. (Extr. de la „Revue alsacienne"). Paris 1881, gr. in-8°, 46 p., demi-rel. perc. (Réimpression à petit nombre).

290 — **Chroniques.** — Blumstein, F., et Ad. Seyboth. Urkunden des Stifts genannt Unser-Lieben-Frauen-Werk. Auszüge betr. der Stadt Strassburg zukommende Rechte in der Verwaltung des Werkes. Strassb. 1900, gr. in-8°, XIV—432 p., br.

291 — — Code historique et diplomatique de la ville de Strasbourg. Tome I (Parties 1 et 2). (Rédigé par L. Schnéegans et A. Strobel. Avec introduct. par G. F. Schützenberger). Strasb. 1843, 1 fort vol. in-4°, demi-rel. chagr., non rogné.

292 — — Fragments des anciennes Chroniques d'Alsace. I: Dacheux, L. La petite chronique de la Cathédrale . . . . Strasb. 1887, 149 p. — III: Dacheux, L. Les chroniques strasb. de J. Trausch et de J. Wencker . . . . Strasb. 1892, CIX—281 p. (Extr. du „Bull. de la Soc. des Mon. hist. d'Alsace"). — Les deux tomes en 1 vol. gr. in-8°, demi-rel. veau, tête dorée, tr. ébarbées.

293 — — Goldmeyer, A. Strassburgische Chronica astrologisch beschrieben, darinnen vom Ursprung / Erbaw- vnnd Erweiterung der Statt Strassburg / etc. gehandelt wird. Sampt angehengter Beschreibung dess kostbahren vnnd in aller Welt berümbten Münsters. Strassburg 1636, pet. in-4°, VIII—95—53 p., demi-rel. veau. (Très rare).

294 — — Kleinlawel, Mich. Strassburgische Chronick / oder Kurtze Beschreibung von ankunfft / Erbaw: vnd Erweiterung der Statt Strassburg / wie auch vom Leben / Regierung vnd Absterben der Bischoffen, etc. Durch einen Liebhaber der Teutschen Poeterey. Strassburg 1625, pet. in-4°, XVI—198 p., rel. veau anc. (Rare).

Strasbourg.

295 — **Chroniques.** — Koenigshoven, J. v. Die Alteste Teutsche sowol Allgemeine als insonderheit Elsassische und Strassburgische Chronicke. Herausgeg. von D. Joh. Schiltern. Strassburg 1698. 1 vol. in-4°, rel. veau anc. Avec frontisp. gravé et 6 planches.

296 — **Commerce.** — De la Navigation du Rhin. Mémoire imprimé par ordre du Comité consultatif du commerce de Strasbourg. Strasb. 1802, in-12, 66 p., demi-rel. perc.

297 — **Costumes.** — Représentation des Modes et Habillemens de Strasbourg. Gravée par Striedbeck. Chez Le Roux, Impr. et Libraire, au Coin de la Rue des Orfèvres. 1756. Frontispice et 13 pl. (5 h. et 8 f.) in-32, montés sur carton in-18, demi-rel. moderne, dos et coins en veau, tr. dorées. (Très rare).

298 — **Dialecte strasbourgeois.** — (Arnold, J. D. G.) Der Pfingstmontag. Lustspiel in Strassburger Mundart in fünf Aufzügen und in Versen. Nebst einem die eigenthümlichen einheimischen Ausdrücke erklärenden Wörterbuche. Strassburg 1816, in-8°, VIII—199 p., demi-rel. toile.

299 — — — Dritte nach den Noten des Dichters verbesserte Ausgabe, ausgestattet mit der Biographie des Dichters von Hrn. Dekan Rauter, einer Beurteilung von Göthe über dieses Lustspiel und einem Wörterbuche . . . . nebst dem Portraite Arnold's, illustrirt mit 40 Original-Zeichnungen v. Theophil Schuler. Strassb. 1867, gr. in-4°, VIII—88 p., pl. rel. basane, tranches rouges. Av. les planches en bistre. (Bel exemplaire).

300 — — — Même ouvrage, non illustré. („Elsäss. Volksschriften“ No. 18). Strassb. 1893, in-12, XXI—182 p., br.

301 — — Clarac. Der Isere Mann uf der Üsstellung ze Paris. Anno 1900. Strossburi (1900), in-18, VI—182 p., br.

302 — — Froehlich, Jules. Strosburjer Holzhauerfawle, mit Titelkupfer un zwanzig Bildle fum Joseph Lindebluest. (H. Ganier). Nancy 1885, in-16, 73 p., cart. demi-perc. (Exempl. sur papier chamois, No. 62).

303 — — Kettner, Ch. F. Guet vun hie. Meiselokeriade. Strasb., s. d., in-12, V—239 p., demi-rel. perc.

304 — — Pick, A. S'Ys're Mann's Büchel. Anno 1873. Strosburry 1873, in-18, 60 p., cart. demi-perc. Avec gravures.

305 — — — Anno 1975. E Brief vom ysere Mann an syni Frind. Strosburri (1875), in-18, 61 p., cart. demi-perc. Av. gravures.

306 — — Stoskopf, G. Luschtigs üs'm Elsass. Gedichtle. Mit 51 Illüschtratione vun Braunagel, Hornecker, etc. Strassb. 1897, in-12, 138 p., demi-rel. parch., couv. ill. conservée.

307 — **Ecole de Médecine.** — Séance de l'Ecole spéciale de Médecine de Strasbourg, du 1er Brumaire, an X de la République. (Av. biographies de **Jean Hermann** et **Etienne Tourtelle**). Strasbourg an X, in-4°, 34 p., cart. demi-perc.

308 — **Ecoles.** — **Gymnase protestant.** — Engel, Charles. L'Ecole latine et l'ancienne Académie de Strasbourg (1538—1621). Avec un portr., une vue et une notice biogr. par Rod. Reuss. Strasb. 1900, in-12, XVII—318 p., cart. demi-perc. (Tiré à 200 exempl.)

309 — **Eglises.** — **Cathédrale.** — Blumstein fils, Félix. Glanes sur la Cathédrale de Strasbourg. Rixheim 1901, in-4°, IV—45 p., br. Av. 11 planches photolith.

310 — — — Chapuy. Vues pittoresques de la Cathédrale de Strasbourg, et détails remarquables de ce monument. Avec un texte hist. et descriptif par J. G. Schweighäuser. Strasbourg 1827, gr. in-4°, 55 p., plus 15 pl. lith. p. Engelmann, épreuves sur Chine, demi-rel. chagr., tête dorée.

311 — — — — Même ouvrage, tirage ordinaire. Demi-rel. parch.

Strasbourg.

312 — **Eglises.—Cathédrale.** — **Description nouvelle de la Cathédrale de Strasbourg et de sa fameuse tour.** 5e édit., revue, corrigée et augmentée par **François Miler.** Strasb. 1788, in-18, 151 p., demi-rel. toile. Av. 9 fig. en taille douce.

313 — — — **Description de la Cathédrale de Strasbourg. Nouvelle édition entièrement refondue et augmentée; ornée de 6 nouvelles gravures (par G. L. Schuler). Strasb. 1817, in-12, XII—120 p., cart. (Taches de rousseur).**

314 — — — Grandidier, l'abbé. Essais historiques et topographiques sur l'église cathédrale de Strasbourg. Strasb. 1782. — Suppl. et Appendice, par J. Liblin. Paris 1868, 2 vol. in-12, XVI—436 p. et IV—127 p., demi-rel. perc. rouge.

315 — — — Guerber, l'abbé V. Essai sur les vitraux de la Cathédrale de Strasbourg. Avec 4 pl. lithochromiées, dessinées par Mr. Baptiste Petit-Gérard. Strasbourg 1848, in-8°, VII—124 p., demi-rel. chagr.

316 — — — Klotz, G. Cathédrale de Strasbourg. Réparations des dégats causés au sommet de la flèche par le bombardement. Strasbourg 1871, gr. in-8°, 23 p., av. 4 pl. grav. — Réparation générale des dégats causés par le bombardement. Strasb. 1872, gr. in-8°, 58 p. av. 5 photographies. — Projet de couronnement à établir sur la coupole du choeur. 1r et 2e rapports. Strasb. 1875 et 1878, gr. in-8°, 7 et 15 p., av. 9 planches phot. — Les 4 brochures en 1 vol. demi-rel. toile.

317 — — — — Recherches sur un bas-relief en bronze attribué aux anciennes portes de la cathédrale. Strasb. 1876, gr. in-8°, 35 p., cart. demi-perc. Av. 2 planches.

318 — — — Münster-Blatt (Strassburger). Organ des Strassburger Münster-Vereins. I. Jahrg. 1903—04. Strassb. 1903, pet. in-fol., 39 p., br. Av. fig. dans le texte et 3 planches photo-lith.

319 — — — Münster- u. Thurn-Büchlein (Strassburger); oder Kurtzer Begriff der merckwürdigsten Sachen, so im Münster-Thurn zu finden. (2e édition). Her. von D. Georg Heinrich Behr. Strasburg 1744, in-18, 168 p., demi-rel. perc. Av. 7 grav. en taille douce. (Incompl. de 2 planches).

320 — — — Piton, Fréd. La Cathédrale de Strasbourg. (Extr du „Strasb. illustré"). Illustrée de 3 photogr., par Ch. Winter, et de 7 lithogr. Strasbourg 1863, gr. in-8°, 120 p., demi-rel. perc.

321 — — — Save, G. La Panagia du Dôme de Strasbourg. Strasbourg 1877, in-12, 75 p., cart. demi-perc. Av. 1 planche. (Tiré à 50 ex.)

322 — — — Schadaeus, Os. Summum Argentoratensium templum: Das ist: Aussführl. u. eigendtl. Beschreibung dess viel Künstlichen. . . . . . Münsters zu Strassb., etc. Strassb. 1617, pet. in-4°, XII—116 p., cart. Av. grav. dans le texte et 6 planches hors texte. (Très rare).

323 — — — — Même ouvrage. **Variantes dans le texte.** Cart.

324 — — — Schuler, Th. (Graveur). Das Strassburger Münster. Neue, völlig umgearbeitete, mit 6 Kupf. von Schuler gezierte Auflage der Beschreibung desselben. Strassburg 1817, in-12, X—119 p., cart. orig. (Incompl. de 3 planches).

325 — — — Straub, A. (l'abbé). Le Symbolisme de la Cathédrale de Strasbourg. Discours prononcé . . . . le 13 août 1855. 2e édit. Strasbourg 1856, in-8°, 16 p., cart. demi-perc.

Strasbourg.

326 — **Eglises. — Saint-Guillaume.** — Huber, Joh. Christliche Danck- und Denck-Predigt / Bey glücklich vollbrachter Erweitterung vnd Vernewerung der Pfarr-Kirch zu St. Wilhelm in Strassburg (1656). Strasb. 1657. 1 vol. pet. in-4°, demi-rel. veau. Avec 3 pl. gravées par Isaac Brunn.

327 — — **Saint-Pierre-le-Jeune.** — Horning, Wilhelm. Das Stift Jung-St. Peter. Beiträge zu seiner Geschichte. (S. 11—61 des „Jahrbuchs f. Gesch., Sprache u. Litteratur Elsass-Lothringens", IV. Jahrg.) — Das Stift von Jung-Sankt-Peter in Strassburg. Urkundl. Beiträge z. Gesch. desselben aus sechs Jahrhunderten (1200—1700). Strassburg 1891, XII—83 p. — 2 vol. in-8°, demi-rel. perc.

328 — — **Saint-Thomas.** — Schmidt, Charles. Histoire du chapitre de Saint-Thomas de Strasbourg pendant le moyen-âge; suivie d'un recueil de chartes. Strasb. 1860, in-4°, VIII—480 p., demi-rel. ord. Avec 2 planches.

329 — — — Schnéegans, L. L'église de Saint-Thomas à Strasbourg et ses monuments. Strasb. 1842, in-8°, XVI—318 p., demi-rel. toile. Orné de 5 planches. (Taches de rousseur).

330 — — **Temple-Neuf.** — Einweihung der Neuen Kirche zu Strassburg am 4. Oktober 1877. Strassb. 1877, in-8°, 38 p., cart. demi-perc.

331 — **Ehrhard, Maurice.** Le 60e Tirage de la Loterie de Charité de Strasbourg (en 14 vers, dont le 13e découpé, mais remplacé à la plume). Strasbourg 1892, in-8°, 14 p., texte encadré d'un filet rouge, cart. demi-perc. Av. une planche photolith.: Portraits-charges de MM. les Commissaires.

332 — **Engelhardt, Ed.** Les Canabenses et l'origine de Strasbourg (Argentoratum, Troesmis). Paris 1886, gr. in-8°, 14 p., br. (Extr. de la „Revue alsacienne").

333 — **Evênements et Fêtes. — 1576.** — Fischart. Das Glückhafft Schiff von Zürich. (Reproduction moderne d'une plaquette de 1577). Strassburg 1884, in-4°, 23 p., cart., couvert. illustrée.

334 — — — Reuss, Rud. Zur Geschichte des grossen Strassburger Freischiessens und des Zürcher Hirsebreies, 1576. Strassb. 1876, in-8°, XI—91 p., demi-rel. perc. Av. 1 planche lith.

335 — — — — Le grand tir strasbourgeois de 1576 et la venue des Zurichois à Strasbourg. Strasbourg 1876, in-8°, 48 p., cart. demi-perc.

336 — — 1681. — Abrégé historique de la Ville de Strasbourg, suivie de la relation de la Reddition de la ditte ville arrivée le 30. Septembre 1681. S. l. ni d., se trouve chez George Rubin fils, Rélieur ruë des charpentiers. Pet. in-4°, 8 p., demi-rel. veau, av. coins.

337 — — — Capitulation accordée par Sa Majesté à la ville de Strasbourg. Avec l'arrest du Conseil d'Estat, et Lettres Patentes portant confirmation d'icelle, ensemble l'Arrest d'Enregistrement du Conseil Souverain d'Alsace. (Strasb. 1716), in-fol., 11 p., texte franç. et allem. Demi-rel. veau, av. coins, non rogné. Av. 4 portraits ajoutés au volume: 1°) M **Michel Le Tellier** (De Larmessin sculp.) 2°) **Johannes Leonhardus Froereisen** (J. A. Seupel sculp.) 3°) **Daniel Richshoffer** (J. A. Seupel sculp.) 4°) **Johannes Schmidt** SS. Theol. Doctor, Prof. ord. . . . (P. Aubry sculp.), plus la Copie autographiée de la pièce originale.

338 — — 1744. — Weis, J. M. Représentation des fêtes données par la Ville de Strasbourg pour la convalescense du Roi; à l'arrivée et pendant le séjour de Sa Majesté en cette ville. Inventé, dessiné et dirigé par J. M. Weis, Graveur de la Ville de Strasbourg. Paris 1744, gr. in-fol., 20 p. de texte gravé, av. encadr., et 12 grandes planches, y

Strasbourg.

compris le portr. de Louis XV, à cheval. Relié par Padeloup, aux armes des Bourbons, sans autres fers spéciaux. (Exempl. un peu fatigué, av. quelques déchirures recollées).

339 — **Evênements et Fêtes.** — **1770.** — Müller, E. L'Archiduchesse Marie-Antoinette à Strasbourg, le 7 et le 8 Mai 1770. Strasbourg 1862, in-18, III—68 p., demi-rel. basane.

340 — — **1781.** — Blessig, Joh. Lorenz. Jubel-Rede bei Strasburgs frohem Eingang in das zweyte Jahrhundert ihres Wohlstands und Friedens unter Frankreichs Regierung, ... gesprochen den 30. Sept. 1781. Strasbourg, s. d., in-18, 119 p., cart.

341 — — — Relation des Réjouissances ordonnées et faites par la Ville de Strasbourg dans les derniers jours du mois de Septembre 1781, à l'occasion de l'époque séculaire de la soumission de cette Ville à la France en 1681. S. l. ni d., 12 p. — Plus deux autres pièces relatives à cette fête séculaire. 1 vol. pet. in-4º, demi-rel. veau, av. coins.

342 — — **1806.** — Relation des Fêtes données par la ville de Strasbourg à Leurs Majestés impériales et royales, les 22 et 23 janv. 1806, à leur retour d'Allemagne. Rédigée et imprimée par ordre du Corps Municipal. Strasb. 1806, in-fol., 18 p., av. 5 pl. de B. Zix. gravées par C. Guérin. Cart., tr. dorées.

343 — — **1810.** — Réception de S. M. l'Impératrice-Reine Marie-Louise d'Autriche. Strasbourg (1810), in-4º, 10 p., demi-rel. toile. Av. portr. gravé et colorié de l'Impératrice et la „Vue de Strasbourg" faite par A. Aveline.

344 — — **1814.** — (Petersen). Trauerfest zum Andenken an Ludwig den XVI ten; gefeyert von der reformierten Consistorialkirche Strassburgs, Sonntag, den 19. Juny 1814. Strassb., s. d., in-12, 16 p., cart. demi-perc.

345 — — **1815.** — Fédération alsacienne. Relation des journées des 5 et 6 juin 1815. Strasb. (1815), in-12, 32 p., demi-rel. perc.

346 — — **1824.** — Fête donnée par la ville de Strasbourg, le 27 Janvier 1824 (aux régiments revenus d'Espagne). Strasb. (1824), in-12, 31 p., cart.

347 — — **1836.** — Laity, Armand. Relation historique des événements du 30 Octobre 1836. Le Prince Napoléon à Strasbourg. Paris 1838, in-8º, 95 p., cart. demi perc.

348 — — **1848.** — Programme de la fête de la réunion de l'Alsace à la France des 22, 23 et 24 octobre 1848. 4 p. in-8º. — Fêtes commémoratives de la réunion de l'Alsace à la France, les 22, 23 et 24 octobre 1848. 4 p. in-fol., av. ill. — Les deux [illegible]nis, cart.

349 — — **1894.** — Pfingstmondaa 1894. G'spielt von Stroosburjer Burjerslit (ing'iebt von Alexander Hessler) im Jänner 1894. Album, pet. in-fol., de 15 planches photolith. renfermées dans un emboitage en toile.

350 — — **1898.** — Levi, Georg. Zur Geschichte der Rechtspflege in der Stadt Strassburg i. E. Festschrift z. Eröffnung des neuen Gerichtsgebäudes im September 1898. Strassb. 1898, in-8º, IV—103 p., cart. demi-perc. Av. 5 pl. photolith.

351 — **Fermé, Alb.** Les grands procès politiques. — Strasbourg, d'après les documents authentiques. Paris 1868, in-12, 215 p., demi-rel. toile.

352 — **Fortifications.** — Ueber den gegenwärtigen Zustand der Festungswerke von Strassburg, und über den Angriff dieser Festung. S. l. ni d., in-4º, p. 3 à 30 (de „Neues Militärisches Magazin. Viertes Stück"), demi-rel. perc. Av. „Plan von Strasburg und Fort Kehl", Bergmann fec.

Strasbourg.

353 — **Glaser, Alfred.** Geschichte der Juden in Strassburg. Von der Zeit Karls d. Gr. bis auf die Gegenwart. Strassburg 1894, in-8°, 88 p., br.

354 — **Graffenauer, J. P.** Topographie physique et médicale de la Ville de Strasbourg. Strasb. 1816, in-8°, VIII—312 p., demi-rel. chagr., plats perc. Av. vue et plan.

355 — **Gutenberg.** — Dingelstedt, Fr. Jean Gutenberg, premier maître imprimeur . . . trad. de l'allemand par Gust. Revilliod. Genève, J. G. Fick, 1858, pet. in-fol., 69 p., cart. orig. Magnifique édition av. 6 eaux-fortes de Gandon.

356 — — Fêtes de Gutenberg. Cortége industriel de Strasbourg. 25 juin 1840. Strasb. 1840. Album in-fol. obl. de 53 planches coloriées, demi-rel. toile. (Très rare).

357 — — Jacob, P. L. (Bibliophile). Origines de l'Imprimerie. (Pages 75 à 155 des „Curiosités de l'histoire des arts"). Paris 1858, in-18, demi-rel. toile.

358 — — Inauguration du Monument de Gutenberg à Strasbourg: Programme et 3 plans. (Strasb. 1840), in-4° et in-fol.

359 — — Lamartine, A. de. Gutenberg, inventeur de l'imprimerie (1400—1469). 3e édit. Paris 1867, in-18, III—49 p., demi-rel. perc.

360 — — Schoepflin, Joh. Dan. Vindiciae typographicae. — Documenta typographicarum originum. Argentor. 1760. 1 vol. in-4°, VI—120—42 p., et index, rel. veau anc. Av. 7 tab.

361 — **(Hautemer, de).** Description historique et topographique de la Ville de Strasbourg, et de tout ce qu'elle contient de plus remarquable en faveur des voyageurs. Strasbourg 1785, in-18, VII—190 p., cart. demi-toile.

362 — **Heitz, Fr. C.** Das Zunftwesen in Strassburg. Mit Vorwort v. L. Spach. Strassb. 1856, in-8°, VIII—188 p., demi-rel. chagr. Av. 22 armoiries dans le texte.

363 — **Hermann, Jean-Fréd.** Notices histor., statist. et littéraires sur la ville de Strasbourg. Strasb. 1817—1819. 2 vol. in-8°, demi-rel. toile, non rognés.

364 — **Holl, Paul.** Souvenirs du Vieux Strasbourg. Avec 15 planches, dont 7 en couleurs. Strasb. 1901, pet. in-fol. obl., 40 p., br.

365 — **Hollaender, Dr. A.** Strasbourg pendant la guerre de 1552. Traduit par L. Baudran. Paris 1889, gr. in-8°, V—66 p., cart. demi-perc.

366 — **Hugelin et Fréd. Piton.** Vieilles Maisons et Armoiries des tribus. Strasbourg. Maisons par Hugelin, armoiries par Piton. **Dessins originaux coloriés** (21 armoiries et 16 maisons) montés sur 15 feuilles de carton gr. in-4°, demi-rel. perc., av. coins. (Très précieux).

367 — **Impression de 1631.** — C. Julii Caesaris omnia quae extant ex Bibliotheca olim Fulvii Ursini, romani . . . . . Argentorati, Zetzner, 1631, in 24, 857 p. et index, pleine rel. parch., tr. rouges. Av. 1 pet. carte.

368 — — **de 1800.** — Delille, Jacques. L'Homme des champs, ou Les Géorgiques françoises. Strasbourg 1800, in-12, XXIX—265 p., cart. (Incomplet du frontisp. de C. Guérin).

369 — **Kentzinger, Ant. de.** Documens historiques relatifs à l'Histoire de France, tirés des Archives de la ville de Strasbourg. Strasb. 1818—1819. 2 vol. in-8°, cart. demi-toile. (Taches de rousseur).

370 — — Strasbourg et l'Alsace, ou Choses mémorables des vieux temps. Strasbourg 1824, in-8°, 201 p., demi-rel. veau. (Taches de rousseur).

371 — **(Kloeckler), Madame la Barone de.** La Société de Strasbourg. — Etude suivie du Carnet mondain strasbourgeois qui la complète. Colmar 1888, in-8°, 186—71 p., pleine rel. perc. rouge.

Strasbourg.

372 — **Laquiante, A.** Deux Touristes à Strasbourg (1792—1801). (Extr. de la „Rev. alsac.") Paris 1890, gr. in-8°, 50 p., cart. demi-perc. Av. 1 dessin inédit de B. Z i x. (Un „Gränzel" chez Frédéric de Dietrich en 1792).

373 — **Legrelle, A.** Louis XIV et Strasbourg. D'après des documents officiels et inédits. Gand 1878, in-8°, 253 p., demi-rel. perc. (Edit. origin.)

374 — — Même ouvrage. Nouv. édition. Paris 1881, in-8°, XIV—424 p., demi-rel. perc.

375 — **Levrault, Louis.** Essai sur l'ancienne monnaie de Strasbourg et sur ses rapports avec l'histoire de la ville et de l'évêché. Strasb. 1842, in-8°, XII—462 p., cart.

376 — **Maison Kammerzell.** — O r n e m e n t a t i o n d'u n e m a i s o n de Strasbourg du XVe siècle. Propriétaire: Mr Kammerzell. Strasbourg 1854, in-8°, 8 p., cart.

377 — **Mehl, Ch.** La Pomme de pin. (Moniteur de la Littérature strasbourgeoise). Nancy 1886, in-8°, 15 p., demi-rel. perc. Av. 1 grav. hors texte. (Extr. de la „Revue alsacienne").

378 — **Mémoire à consulter** pour les Arquebusiers et Arbalêtriers de Strasbourg; contre le Magistrat de cette Ville. Avec Supplément. Paris 1777, in-4°, 64—8 p., demi-rel. parch.

379 — **Michel, Aug.** Die Strassburger Gänseleber-Pastete. Ihre Entstehung, Fabrikation u. Verwendung. Nebst 26 Ansichten der Stadt Strassburg. Gastronom. Betrachtungen. Strassb. (1898), in-fol., IV—56 p., av. grav., cart. orig. ill.

380 — **Morpain, Ad. (C. des Trois-Ponts).** Bords du Rhin. Daniel le rogneur d'or. Episode strasbourgeois du 15e siècle. Types archéologiques. Strasb. 1857, in-18, 56—8—4—7—4 p., demi-rel. mar. brun, tête dorée.

381 — **Müllenheim (Familie de).** — M ü l l e n h e i m v o n R e c h b e r g, H e r m. F r e i h e r r v o n. Das Geschöll der von Müllenheim und Zorn, 1332. Ein Beitrag zur Localgeschichte von Strassburg. Strassb. 1893, in-4°, 48 p., demi-rel. perc. Av. 6 pl. par J. N a e h e r.

382 — **Müller, E.** Le Magistrat de la ville de Strasbourg, les Stettmeisters et Ammeisters de 1674 à 1790, les Prêteurs royaux et Notices généalogiques, etc. Strasbourg 1862, in-12, VIII—270 p., demi-rel. perc.

383 — **Musée de peinture** et de sculpture de Strasbourg. Catalogue. Strasbourg, s. d. (1869), in-8°, 18 p., br. (Rare).

384 — **Musique.** — B e r g, C o n r. Aperçu historique sur l'état de la musique à Strasbourg, pendant les cinquante dernières années. Strasb. 1840, in-8°, IV—86 p., demi-rel. toile.

385 — **Nerlinger, Charles.** La Vie à Strasbourg au commencement du XVIIe siècle. Belfort 1899, in-8°, 322 p., demi-rel. perc.

386 — — Daniel Martin, ou la Vie à Strasbourg . . . . Strasb. 1900, in-8°, 334 p., br. (Même ouvrage que le précédent, augmenté d'un „Index" de 11 pages).

387 — **Ordonnances.** — O r d n u n g e n d e r S t a d t S t r a s s b u r g. Volume factice contenant: „Der Statt Strassburg Policey Ordnung" 1628. — „Appendix". — „Reformirte Ordnung von Gerichten . . . " 1620. — „Concursordnung" 1650. — „Von Contracten". — „Burger-Ordnungen" 1649. — „Stattgerichts-Ordnung" 1617. — „Siebnergerichts-Ordnung" 1643. — „Ordnung der Inventier-Schreiber" 1636. — „Käuffer-Ordnung" 1649. — „Verbesserte Wein-Ungelts-Ordnung" 1637. — Le tout en 1 vol. in-fol., pleine rel. parchemin anc.

388 — — **1628.** — Der Stadt Strassburg Policey-Ordnung und Appendix. Strassb. 1628, in-fol., XII—104—48 p., pleine rel. parch. anc.

Strasbourg.

389 — **Ordonnances. — 1650.** — Der Statt Strassburg revidirde Constitution u. Ordnung / Wie die / so an eines zerfallenen / oder vertiefften Schuldners Nahrung zu fordern / . . u. sonsten in concursu verfahren werden solle. Strassb. 1702, in-fol., 72 p., dérelié.

390 — — **1666.** — Der Statt Strassburg Extract Alter Ordnungen / Statuten u. Articul / von Straff der Falliten. Strassb. 1666, in-fol., 7 p., dérelié.

391 — — **1685.** — Extract auss der Statt Strassburg Kleider-Ordnung de anno 1660 u. 1678. Strassb. 1685, in-fol., 9 p., dérelié.

392 — — **1679.** — Revidirte Würth- u. Wein-Vngelds-Ordnung der Stadt Strassburg. Strassb. 1679, in-fol., 12 p., non relié.

393 — — **1685.** — Ordnung oder Tarif der Verzollung in der Statt Strassburg Kauffhauss. Strassb. 1685, in-fol., 84 p., dérelié.

394 — — **1687.** — Hochzeit-Ordnung / der Königl. Freyen Statt Strassburg. Strassb. 1687, in-fol., 12 p., non relié.

395 — — **1688.** — Der Statt Strassburg Feuer-Ordnung. Strassb. 1688, in-fol., 30—25 p., demi-rel. chagr. (Av. „Anhang u. Revision" de 1693).

396 — — **1690.** — Der Statt Strassburg erneuerte Inventier-Schreiber-Ordnung. Strasb. 1690, in-fol. 8 p., dérelié.

397 — — **1705 et 1708.** — Instruction, wie die / von denen Zwantzig Zünfften / zu denen vorfallenden Feuersbrunsten / . . . . geordnete Viertzig Mann / sich zu verhalten / und . . . darbey zu verrichten habe. 19. Sept. 1705. Renovatum 28. Julii 1708. In-fol., 4 p., non relié.

398 — — **1736.** — Revidirte Ordnung derer Beambten im Zoll-Keller. (Strassb. 1736), in-fol., 16—4 p., cart.

399 — — **1786.** — Der Stadt Strassburg erneuerte Feuer-Ordnung de Anno 1786. Strassb. 1786, in-fol., 48 p. Av. plan de la ville gravé par W e i s. — A la fin du volume: „Erfolg der Stimmen-Zählung der Scrutinii vom 8. Febr., 25. Febr. u. 6. März 1790. 8 p. — 1 vol. demi-rel. perc.

400 — — **1791.** — **Délibération** du corps municipal de la Commune de Strasbourg concernant la police des Incendies, du 10 Octobre 1791. Strasb. 1791, in-4°, 30 p., demi-rel. chagr.

401 — — — Berathschlagung der Munizipalität der Gemeine von Strassburg, die Feuer-Anstalten betreffend. (Strassb. 1791), 30 p. — Berathschlagung des Munizipal-Corps der Gemeinde Strassburg, ... vom 30. Tag des 1. Monats des 2ten Jahrs der . . . . Republik (betr. die Strassb. Nationalgarde). 7 p. — Bericht an die bürgerliche Herren Repräsentanten von den sieben Kommissarien erstattet, den 2. Junius 1789. Strassb., Le Roux, 1789, 18 p. — Les 3 réunis en 1 vol. in-4°, demi-rel. perc.

402 — **Pastorius, Joh. Mart.** Kurze Abhandlung von den Ammeistern der Stadt Strassburg. Strassburg 1761, in-18, VI—212 p., pleine rel. veau anc., tr. rouges. Av. qques. grav. et nombr. armoiries. (Très recherché).

403 — **Piton, Fréd.** Strasbourg illustré, ou Panorama pittor., histor. et stat. de Strasbourg et de ses environs. Strasb. 1855. 2 vol. gr. in-4°, demi-rel. chagr. Av. nombr. planches color. et noires, un plan de la ville et les 4 grands panoramas. Bel exempl., av. Supplt. de M. Maurice Thiébaut interfolié dans l'ouvrage même.

404 — **Poellnitz, von.** Die Befestigungen von Strassburg von den ältesten Zeiten bis zur Besitzergreifung durch die Franzosen 1681. Mit 2 Plänen. (Extr. de „Kraus, Kunst u. Alterthum in Elsass-Loth."). Strassb. 1876, gr. in-8°, 35 p., demi-rel. perc. (2 autres plans sont encore ajoutés au volume).

Strasbourg.

405 — **Procès de l'Insurrection militaire** du 30 oct. 1836, jugé par la Cour d'assises du Bas-Rhin. Strasb. 1837, in-8°, 255 p., demi-rel. toile. (Taches de rousseur).

406 — **Reiber, Ferd.** Küchen-Zettel und Regeln eines strassburger Frauenklosters des XVI. Jahrhunderts. (Les règles de cuisine des nonnes de St-Nicolas-aux-Ondes). Strassburg 1891, pet. in-4°, 52 p., pap. à la cuve, texte encadré de vieux bois, demi-rel. perc. (Tiré à 150 exempl. numérotés).

407 — — D'Fischer vun Strossburry. In Steckelburjer Dytsch vom Coléo. Strossburry 1879, in-8°, 8 p., demi-rel. perc. Av. 1 dessin de P. Reiber, plus un **dessin orig. teinté, à la plume, de J. Sattler.** (Pêcheurs à la ligne).

408 — **Reuss, Rodolphe.** Un Souvenir du vieux Strasbourg: Le Casino thélogique et littéraire, 1831—1892. Notice historique. Strasb. 1892, in-8°, 55 p., br. (Tiré à 150 ex. non mis dans le commerce).

409 — — Les Mémoires d'un commis-négociant strasbourgeois au 16e siècle. (Extr. de la „Revue d'Alsace"). Mulhouse 1872, in-8°, 35 p., demi-rel. perc.

410 — — Strassburg im sechzehnten Jahrhundert (1500—1591). Auszug aus der Imlin'schen Familienchronik, zum erstenmal nach der Originalhandschrift mit Einleitung und Anmerkungen herausgegeben. (Ertrait de l'„Alsatia"). Colmar 1875, in-8°, 126 p., demi-rel. perc.

411 — **Révolution.** — A nos Concitoyens. S l. ni d. In-8°, 10 p., br. (Adresse de la Société de l'Auditoire du 11 Févr. 1792).

412 — — Adresse à l'Assemblée Nationale et au Roi, par les Officiers de l'Infanterie de la garnison de Strasbourg. Strasb. 1789, in-4°, 45 p., demi-rel. perc.

413 — — Barth, Etienne. Notes biographiques sur les hommes de la Révolution à Strasbourg et les environs. (Extrait de la „Revue d'Alsace"). Mulhouse 1877, in-8°, X—555 p., demi-rel. perc. (Imprimé à un petit nombre d'exempl.)

414 — — Confédération du Rhin des Gardes Nationales de Strasbourg. (Strasbourg) 1790, in-4°, 8 p., cart. demi-perc.

415 — — Evénement des 22 et 23 Juillet 1789. Insurrection de Strasbourg. S. l. ni d., pet. in-4°, 4 p., cart. demi-perc. Av. grav. à la manière noire.

416 — — Gespräche, Patriotisches. (Strassb. 1791), in-8°, 23 p., cart. demi-perc.

417 — — Instruction concernant les assemblées d'élection en cette Ville de Strasbourg. Publiée par ordre du Magistrat. Strasb., Le Roux, 1790, in-18, 19 p., cart. demi-perc.

418 — — Monet, P. F. Les Prêtres abjurant l'imposture. S. l. ni d. (1794), in-16, 29 p., cart. demi-perc.

419 — — Munizipal-Beamten (Die) der Gemeinde von Strassburg an ihre Mitbürger. S. l. 1792, 58 p. — Rapport de J. B. Lacoste et de M. A. Baudot . . . sur les opérations des armées du Rhin et de la Moselle, et sur la délivrance de Landau. (Texte franç. et allem.) Strasb., an II, 31 p. — Les deux en 1 vol. in-16, demi-rel. perc.

420 — — Poebelaufruhr (Der) zu Strassburg, vom 19. bis 23. Julius 1789. Besungen von einem Raritätenkastenmann. Dorlisheim (Strassburg) s. d., in-8°, 8 p., cart. demi-perc. (No. 10 de la réimpression en 30 exempl.)

421 — — Proclamation des Représentans du Peuple. („Les Citoyennes de Strasbourg sont invitées de quitter les modes allemandes . . . .") Texte franç. et allem. Feuille volante, pet. in-fol.

Strasbourg.

422 — **Révolution.** — Rapport fait à la Société des Amis de la Constitution séante à l'auditoire du Temple-neuf à Strasbourg, au nom du Comité chargé par elle de lui présenter ses vues sur la proposition de la Société séante au poële du Miroir de la même ville. S. l. ni d., in-8°, 15 p., br.

423 — — Reden gehalten bei der Eides-Leistung der National-Garden und der Garnison von Strassburg, den 14. Julius 1791 im dritten Jahre der Freiheit. (Strassb. 1791), in-12, 19 p., demi-rel. perc.

424 — — Reglement (Provisorisches) die Strassburgische Bürgerwache betreffend. (Strassb. 1789), pet. in-4°, 8 p. — An meine Strasburger Waffenbrüder, nach der Ankunft von der Coalition zu Metz. S. l. ni d., pet. in-4°, 3 p. — Programm für den Empfang Ihro Majestät des Kaisers und Königs, und der grossen Armee, in Strassburg. Strassb., an XIV, in-8°, 4 p. — Abschrift eines Cirkular-Briefs den die Herren Unter-Offiziere, Caporäle, Grenadiere und Gemeinen der Regimenter Normandie und Beauce an die Munizipalitäten der Kriegsstätte . . . . den 9. May 1790 geschickt haben. S. l. ni d., pet. in-4°, 4 p. — Les quatre pièces réunies en 1 vol. pet. in-4°, demi-rel. perc.

425 — — Seinguerlet, E. L'Alsace française. — Strasbourg pendant la Révolution. Paris 1881, in-8°, XII--364 p., br.

426 — — Verbal-Prozess der öffentlichen Sitzung des allgemeinen Raths der Gemeinde von Strasburg, vom 8. July 1793. (Strassb. 1793), in-16, 14 p., cart. demi-perc.

427 — **Schepflin.** Dissertation sur un monument de la huitième légion d'Auguste. (Extr.) S. l. ni d. (1741), in-4°, 8 p. (p. 457 à 464), dérelié. Av. 1 pl.

428 — — Même article. (Extr.) S. l. ni d. (1741), in-18, 12 p. (p. 157 à 168), cart. demi-perc. Av. 1 planche.

429 — **Schmidt, Ch.** Notice sur la ville de Strasbourg. Strasbourg 1842, in-12, IV—302 p., cart. Ornée de 7 planches et d'un plan de la ville. (Sans la carte du chemin de fer de Strasb. à Bâle).

430 — **Schricker, August.** Pfingstsonntag und Pfingstmontag. Eine altstrassburger Erzählung nach dem alemannischen Lustspiel des Daniel Arnold „Pfingstmontag". Nördlingen 1880, in-8°, XIV—124 p., cart. orig., couv. ill.

431 — **Seinguerlet, E.** Strasbourg. (Article tiré du „Tour de France", T. I, p. 83 à 155) S. l. ni d., gr. in-8°, demi-rel. perc., av. gravures.

432 — **S(eyboth), Ad.** Souvenirs du Vieux Strasbourg. Cinquante planches avec texte explicatif de XII p. Strasbourg, s. d., in-fol., en portefeuille orig.

433 — — Das Alte Strassburg v. 13. Jahrh. b. z. Jahre 1870. Strassb. (1890), in-fol., XVI—331 p., demi-rel. chagr., tête dorée. Av. nombr. grav. et planches, plus le portr. de l'auteur en photograv. (Bel. exempl. de cet ouvrage rare et recherché).

434 — — Strasbourg historique et pittoresque depuis son origine jusqu'en 1870. Aquarelles et Dessins par E. Schweitzer et A. Koerttgé. Strasbourg 1894, in-fol., XII—704 p., rel. toile orig., fers spéciaux.

435 — **Siéges de 1813 et 1815.** — Heitz, F. C. Strasbourg pendant ses deux blocus et les cent jours. Strasbourg 1861, in-8°, VII—272 p., cart. Av. le plan du siége de 1815.

436 — **Siége de 1870.** — Burck, A. Strasbourg sous la Domination allemande. Paris 1871, in-8°, cart. demi-perc. (Forme les pages 733 à 747 du „Correspondant", N° du 25 Nov. 1871).

437 — — Caïn, Léon. Souvenirs du siége de Strasbourg 1870. Le combat du pont d'Illkirch (Sortie du 16 août). Paris 1902, gr. in-8°, 40 p., br. Av. carte, vue et portrait.

Strasbourg.

438 — **Siége de 1870.** — Colas-Baudelaire, A. Strasbourg 1870. Siège et Bombardement. Album de 35 planches photographiées, av. texte de 60 pages encadré d'un filet rouge. Strasb. 1874, tr. gr. in-fol., pleine rel. maroquin vert, fers spéciaux, dentelles intérieures, tranches dorées. (Superbe exempl.)

439 — — Delabrousse, Lucien. Un héros de la défense nationale: Valentin et les derniers jours du siège de Strasbourg. Nancy 1897, in-8°, XX—358 p., demi-rel. perc. Av. un portr. et 2 cartes.

440 — — Ephémérides du Siège et du Bombardement de Strasbourg (4 Août à 28 Septembre 1870). Appendice au plan de Strasbourg après le bombardement. Strasbourg 1871, in-8° étroit, 16 p., br. (Voir le même ouvrage, avec titre changé, sous le No. 447).

441 — — Fischbach, Gust. Guerre de 1870. Album du siége et du bombardement de Strasbourg. 3e édit. Strasb. (1871), in-4°, 160 p. Av. atlas de 20 planches col., lith. par A. Münch, in-fol. obl. 2 vol., demi-rel. perc.

442 — — — Guerre de 1870. Le Siége et le bombardement de Strasbourg. 1re édit. Strasbourg 1870, in-12, IV—175 p., demi-rel. perc.

443 — — — Même ouvrage. 5e édition revue et augm. Ornée de 2 portr., de 8 vues et du plan de la ville. Strasb. 1871, in-8°, 263 p., cart. demi-perc.

444— — — Guerre de 1870. — Le Siége de Strasbourg. Strasbourg avant, pendant et après le siége. Aquarelles et dessins par E. Schweitzer. Strasbourg 1897, gr. in-4°, XI—532 p., demi-rel. chagr., av. coins.

445 — — Flaxland, F. Le grand-père Felsen. Episode du siége de Strasbourg. Strasb. 1872, in-24, 310 p., demi-rel. perc.

446 — — (Lereboullet fils). La Défense de Strasbourg, jugée par un Républicain. Lettre à un patriote de la Suisse. Neuchâtel 1871, in-8°, 22 p., demi-rel. perc.

447 — — Notices journalières sur le Siège et le Bombardement de Strasbourg (du 4 août au 28 sept. 1870). Strasb. 1871, in-8° étroit, 16 p., demi-rel. perc.

448 — — Notizen (Artilleristische) über die Belagerung von Strassburg im Jahre 1870, gesammelt von einem schweizerischen Artillerie-Offiziere. (Extr.) Frauenfeld 1871, in-8°, 36 p., br. Av. 2 plans.

449 — — (Pick, A.) Strasbourg depuis la déclaration de guerre jusqu'en Juin 1871. Par un Strasbourgeois. Paris 1871, in-8°, 27 p. autographiées, cart. demi-perc. (Tiré à peu d'exemplaires).

450 — — Piton, Frédéric. Siège de Strasbourg. Journal d'un assiégé. Notes et dessins par Alfred Touchemolin. Paris 1900, pet. in-4°, XV—271 p., demi-rel. veau, tête rouge, non rogné.

451 — — Reuss, Rod. Les bibliothèques publiques de Strasbourg incendiées dans la nuit du 24 Août 1870. Lettre à Mr Paul Meyer. Paris 1871, in-8°, 23 p., demi-rel. perc.

452 — — — A. Schillinger. Souvenirs pour ses amis. Avec des extraits du Journal de Schillinger pendant le siège de Strasbourg. Strasb. 1883, in-12, XI—292 p., demi-rel. perc.

453 — — Römer, M. Strassburg und Zürich in den Jahren 1576 und 1870. Historische Reminiscenzen. Zürich 1884, in-8°, 39 p., demi-rel. perc.

454 — — (Schnéegans, A.) Strasbourg! Quarante jours de bombardement, par un Réfugié strasbourgeois. Neuchâtel 1871, in-8°, 71 p., demi-rel. perc.

Strasbourg.

455 — **Siége de 1870.** — Schnéegans, A. La Guerre en Alsace: Strasbourg. (1re édit.) Paris et Neuchâtel, s. d., in-12, 420 p., demi-rel. perc. Av. pet. plan.

456 — — Signouret, P. Raymond. Souvenirs du bombardement et de la capitulation de Strasbourg. Bayonne 1872, in-12, 374—IV p., demi-rel. perc. Avec le plan de Strasbourg après le bombardement.

457 — — Staehling, Ch. La Mission suisse à Strasbourg pendant le bombardement en Septembre 1870. Strasbourg 1874, in-8°, 61 p., demi-rel. perc. Av. 2 vues photogr. (Pas dans le commerce).

458 — — Strasbourg. Journal des mois d'Août et Sept. 1870. Siège et bombardement. Avec correspondances, pièces officielles, etc. Par une réunion d'habitants et d'anciens officiers. Paris 1874, gr. in-8°, VIII—364 p., demi-rel. cuir. Av. 4 vues photogr. et 1 plan.

459 — — Uhrich (le Général). Documents relatifs au Siége de Strasbourg. Paris 1872, gr. in-8°, V—207 p., demi-rel. perc. Avec le plan du siége.

460 — — Walther, Alfred. Oeuvre internationale. Soc. franç. de secours aux blessés et malades militaires. Rapport du comité auxiliaire de Strasbourg. Strasbourg 1871, gr. in-8°, 71 p., demi-rel. perc.

461 — **Silbermann, Joh. Andr.** Local-Geschichte der Stadt Strassburg. Strassb. 1775, in-fol., XII—245 p., pleine rel. parch. Av. 16 pl. gr. par Weis. (Bel. exempl. de cet ouvrage rare et recherché).

462 — **Spach, L.** Un Salon à Strasbourg sous la Restauration. (Extr. de „l'Impartial du Rhin"). Strasb. (1869), in-8°, 16 pages, br.

463 — **Staehling, Ch.** Histoire contemporaine de Strasbourg et de l'Alsace. (1830—1852). Nice 1884, in-8°, XII—431 p., demi-rel. toile.

464 — **Tableau concernant l'état nouveau des inscriptions des rues** et du numérotage des maisons, publié d'après les documents fournis par l'Administration municipale. Strasb. 1858, in-8°, XXIII—188 p. — **Tableau concernant l'état ancien** . . . Strasb. 1858, in-8°, XIX—166 p., demi-toile.

465 — **Vues.** — Album d'Etrennes 1897. Publ. par l'Impr. Alsac. 30 planches photolith., in-fol., demi-rel. orig., tranches dorées.

466 — — Heyden, Jac. ab. Dix vues de Strasbourg et des environs. Le frontispice représente la vue prise hors la porte des Pêcheurs. S. l. ni d. (commencement du 17e siècle), in-8° obl., demi-rel. maroquin rouge, av. coins. La marge droite manquante des 10 planches est trés adroitement refaite. (Très rare).

467 — — Hollar, Wenceslas. Vues diverses, dont 6 de Strasbourg et de ses environs. Suite de 10 planches numérotées, sans titre. S. l. ni d., in-8° obl., demi-rel. chagr. rouge, av. coins. (Très rare).

468 — — Sandmann. Vues intérieures de Strasbourg dessinées d'après nature et lithographiées. 14 planches (sans titre). Strasb., lith. Simon fils, s. d. — Laville, E., et J. Vogel. Esquisses physiologiques des moeurs de Strasbourg. 29 planches lith. teintées (sans titre). Strasb., lith. E. Lemaitre, s. d. — Les deux ouvrages réunis en 1 vol. in-fol., demi-rel. chagr. (Belles épreuves).

469 — — Vues de Strasbourg et de ses principaux monuments. 6 grav. sur acier et 1 plan. Strasb., Simon fils, s. d., in-18, demi-rel. perc.

470 — — Vues de Strasbourg. 12 pages de texte ill. et 25 planches photogr. par J. Manias. (Strasb. 1896), gr. in-fol., dans le portefeuille orig. en toile, av. la bannière de Strasbourg en couleurs. (Bel ouvrage).

471 — **Weisgerber, Dr. Henri.** Quelques mots sur l'origine des noms de Strasbourg, d'après des documents inédits. Paris 1896, in-8°, 11 p., br.

472 **Straub, A.** (l'abbé). Un mot sur l'ancien mobilier d'église en Alsace, suivi d'une note sur les peintures murales en Alsace, etc. (Extr. du „Compte rendu des séances archéolog. à Strasb. en 1859"). Caen 1860, in-8°, 54 p., cart. demi-perc. Av. fig.

473 — Les Villages disparus en Alsace. (Extr. du „Bull. de la Soc. . . . . des Mon. hist. d'Alsace"). Strasb. 1887, gr. in-8°, 61 p., demi-rel. perc.

474 **Straus, Emile.** La nouvelle Alsace. Illustr. de P. Braunagel, L. Hornecker, A. Koerttgé, L. Schnug, L. de Seebach, Ch. Spindler. Paris 1902, in-18, 69 p., cart. demi-perc.

475 **Tainturier, A.** Recherches sur les anciennes manufactures de porcelaine et de faïence. (Alsace et Lorr.) Avec 55 monogr. et grav. (Tirage à part du „Bibliographe alsacien"). Strasbourg 1868, in-8°, XV—95 p., demi-rel. perc. (Tiré à 200 exempl.) (Très rare).

476 **Tanviller.** — Castex, Maurice de. Histoire de la Seigneurie lorraine de Tanviller-en-Alsace. Paris 1886, in-8°, VI—247 p., demi-rel. toile. Av. 8 eaux-fortes. (Tiré à 200 ex.)

477 **Thévenin, Evariste.** En Vacance. Alsace et Vosges. Paris 1865, in-12, 188 p., demi-rel. perc. Avec gravures sur bois.

478 **Trois-Epis.** — Reinhard, Aug. Souvenir des Trois Epis. Hôtel des Trois Rois. Saison de 1886 (28 août — 23 septembre). (Strasbourg 1886), in-12, 16 p., texte encadré d'un filet rouge, br.

479 — — Stations climatériques des Vosges d'Alsace: Trois-Epis et environs. Guide du touriste. Strasbourg 1892, in-12, XIV—200 p., demi-rel. toile. Avec vues et carte.

480 **Turenne.** — Choppin, Henri. Campagne de Turenne en Alsace. 1674—1675. (Extr. du „Spectateur milit.") Paris 1875, in-8°, 105 p., demi-rel. perc.

481 — Mémoires des deux dernières Campagnes de Monsieur de Turenne en Allemagne . . . . Nouv. édit. revue et corrigée. Maubeuge 1756, in-18, VII—283 p., br.

482 — Raguenet (l'abbé). Histoire du Vicomte de Turenne. Paris 1769. 2 tomes in-18 de VIII—288 et IV—228 p. Reliés en 1 vol. basane, tr. rouges.

483 — — Même ouvrage. Amsterdam 1772, in-18, 510 p., rel. basane. Avec 1 planche.

484 — Ramsay, de. Histoire du Vicomte de Turenne, Maréchal-Général des Armées du Roi. La Haye 1736. 4 vol. in-18, av. divers plans de batailles, demi-rel. basane. (Exempl. de Mr. Edouard de Waldner, Aide de Camp du Gral Rapp. — Noms découpés sur les feuilles de titres, reliures fatiguées).

485 — — Même ouvrage. Edition d'Amsterdam de 1771, enrichie des plans de batailles et des sièges et du portrait de Turenne par Meissonier, gravé par J. v. d. Schley. 4 vol. in-18, rel. basane, tranches rouges.

486 **Vanhuffel.** Documents inédits concernant l'histoire de France et particulièrement l'Alsace et son gouvernement sous Louis XIV. Paris 1840, in-8°, III—240 p., demi-rel. perc.

487 **Van Peteghem, C.** De la valeur des médailles et monnaies d'Alsace, avec leur description d'après les planches du Baron Berstett. Paris 1885, in-4°, 43 p., demi-rel. chagr. Av. 16 planches. (Ouvrage tiré à 70 exempl. numérotés: No. 8). Interfolié de papier blanc.

488 **Veilleur de Nuit (Le).** Album d'Alsace et de Lorraine, illustré par P. Ballet, E. Boetzel, Jundt, Lallemand, Laville, Th. Schuler, Touchemolin, etc. etc. 1re année (seule parue). Strasbourg 1857. 1 vol. in-4°, demi-rel. toile.

489 **Ventes publiques.** (Livres, gravures, tableaux, etc.) — Archives du Collége héraldique. — Vente aux enchères publ. des Chartes, Documents historiques, Titres nobiliaires, etc. composant les Archives du Collége héraldique et historique de France. 4e Partie: Lorraine-Alsace. (Vente du 22 Nov. 1866). Paris 1866, in-8°, III—60 p., br.

490 — Degermann, Jules. — Bibliothèque alsatique. Catalogue des livres et des estampes de la collection de Jules Degermann de Sainte-Marie-aux-Mines. (Vente des 23 mai 1899 et jours suivants). Strasb. 1899, in-8°, XVI—396 p., demi-rel. parch. (Exempl. sur Hollande).

491 — Ernst, Adolphe. — Bibliothèque alsatique. Catalogue des livres et des estampes de la collection de Adolphe Ernst de Saint-Dié-les-Vosges. (Vente des 25 Nov. 1901 et jours suivants). Strasbourg 1901, in-8°, VII—181 p., br. Av. portr. en héliogr. (Exempl. sur Hollande).

492 — Hugueny (le Professeur). — Catalogue des Tableaux anciens, Tableaux modernes, Gravures, ... provenant de la Collection de M. le Prof. Hugueny . . . . (Vente des 31 mars 1896 et jours suivants). Strasb. 1896, pet. in-4°, 31 p., br. Av. 11 planches photolith.

493 — Reiber, Ferdinand. — Iconographie alsatique. Catalogue des Estampes et des Livres de la collection de Ferdinand Reiber. (Vente des 11 Mai 1896 et jours suivants). Strasb. 1896, in-8°, XXIX—552 p., demi-rel. parch. Av. portr. en héliograv.

494 — Schuler, Théophile. — Catalogue des Dessins, Etudes, Esquisses, Croquis . . . . et reproductions de Théophile Schuler . . . . (Vente des 7 et 8 juin 1895). Strasb. 1895, in-8°, III—74 p., br. Av. 12 pl. photolith.

495 **Vespillon (Le)** adultère ou le triomphe de l'innocence. Tragédie par MM***. Musique de M.*** Frontispice romantique de M*** Genève 1868, in-18, XI—59 p., demi-rel. amat., maroq. foncé, tête dorée. (Tirage à cent exemplaires numérotés, No 52. — Cette pièce a été représentée pour la première fois chez M. Cunier, Strasbourg, le 18 Février 1859, par les membres de l'Académie du Dimanche).

496 **V(inaty).** Résumé de l'histoire d'Alsace. Paris 1825, in-24, III—375 p., demi-rel. toile.

497 **Vosges.** — Ehrenberg, Fr. Dans les Vosges. Strasb. 1888, in-12, 151 p., demi-rel. perc. Av. 44 illustrations et 1 carte.

498 **Voyage de Paris à Strasbourg** et principalement dans tout le Bas-Rhin, pour s'assurer de l'état actuel de l'agriculture et des ressources de ce département. Publié par J. L. F*** du Gard. S. l., an IX (1801), in-8°, VIII—44—112 p., demi-rel. perc.

499 **Vues d'Alsace.** — Album de l'Imprimerie Alsacienne, anct G. Fischbach, Strasbourg. 44 planches photolith., interfoliées de pages de réclames. Pet. in-fol., cart. orig. aux armes de Strasbourg.

500 — Zur Erinnerung an das Elsass. Mit künstlerischen Beiträgen v. F. Bauer, L. Christmann, J. Euting, A. Koerttgé, . . . L. Schnug u. C. Spindler. Strassb. s. d., in-4°, 27 p., br. Av. 14 planches.

501 **Weis.** Les Inconséquences et les Conséquences dévoilées devant le tribunal de l'opinion publique, ou le Refus de la Rétraction justifié par l'appel porté à ce Tribunal, de la conduite des Vicaires-Généraux de Strasbourg, envers les Prêtres dits Constitutionnels de ce Diocèse. Par Mr Weis, Ex-Curé à Thann, ci-devant Constitutionnel non-rétracté. Belfort 1819, in-8°, 137 p., demi-rel. perc.

502 **Weiss, J. J.** Au pays du Rhin. Metz—Hombourg-les-Bains—Autour de Hombourg—Francfort—Strasbourg et l'Alsace. Paris 1886, in-16, XIV—335 p., demi-rel. perc.

503 **Winkler, C., & K. Gutmann.** Leitfaden zur Erkennung der heimischen Altertümer. Erläutert durch 300 Zeichnungen. Colmar 1894, gr. in-8°, 108 p., cart. demi-perc.

504 **Wolff, Nicolas.** — Nerlinger, Ch. Nicolas Wolff, et la défense des Vosges, 1814—1815. („Petite collection alsacienne"). Strasbourg 1897, in-18, 40 p., br.

505 **Zorn de Bulach, Baron François.** — A la Mémoire du Baron Franz Zorn de Bulach. 15 juillet 1828 — 14 avril 1890. (Texte français et allemand). S. l. ni d., gr. in-8°, 119 p., demi-rel. perc. Av. portr. photolith.

506 **Zorn de Bulach, Nicolas.** — Dubois, Ch. Vainqueur d'Hausbergen. (Nicolas Zorn de Bulach). — Etude historique sur la lutte de Strasbourg contre l'Evêque Walther de Géroldseck. (Extr. de l'„Espérance, Courrier de Nancy"). Nancy 1867, in-8°, 47 p., demi-rel. perc.

---

507 **Lots divers.** — Cartes. — Carte de France, 1:80 000: Feuilles Lunéville et Montbéliard. 2 feuilles entoilées et pliées pet. in-4°.

508 — Catalogues de Bibliothèques. — Casino littéraire Strasbourg. 1re partie. — Volksbibliothek Strassburg. 1902. — Vente Reiber 1896. — Vente Staat 1900. — Catalogues à prix marqués: Schlesier 1896, Staat 1898.

509 — Catalogues de Musées. — Morpain, L'Alsace à l'Expos. des Beaux Arts à Paris 1864 et 1865. — Städt. Museum, Metz, 1891. — Migette-Museum, Metz, 1893. — Kunst-Museum, Strassb., 1899 u. 1903. — Kunstgewerbe-Museum, Strassb. 1886 u. 1888. — Sammlung Elsäss. Altertümer, Strassb. 1899—1901.

510 — Description et Histoire du Pays.—Aufschlager. L'Alsace, T. I (sans titre et table, et incompl. de 3 pl. et 1 carte), T. II, 1re partie. — Baquol et Ristelhuber. Extr. manuscrit des Monnaies et Médailles, av. 6 et 5 planches. — Eisenbahn-Album des Reichslandes. 1900. — Guide pitt. du Voyageur en France: Bas-Rhin. (Texte seul). — Laguille, Histoire de la Province d'Alsace. In-18, T. I et II (seuls) en 1 vol. rel. — (Rathgeber). Geschichte des Elsass. Leitfaden f. Schulen. — (Scharfenstein), Historie des Herzogthums Lothringen, T. I (II manque), av. 2 portr. et 1 carte.

511 — Impressions de Strasbourg, 17e et 18e siècles.— Térence. Comédies, T. I. Strasb. 1699, in-24. Av. frontisp. gravé. -- Du Contrat social, ou Principes du Droit polit. Strasb. 1791. — L'Art de sentir et de juger en matière de goût. Nouv. édit. 1790.

512 — Politique. — Acte constitutionnel et déclaration des Droits de l'Homme. Strasb., s. d. — Courrier du Bas-Rhin. No du 12 Sept. 1870, avec „Coppée, A l'Empereur Frédéric III" relié en 1 vol. pet. in-fol. — Die Oligarchen von Strassburg. 1896. — Robinet de Cléry. Questions concernant la Nationalité des habitants de l'Alsace-Lorraine. 2e partie. Paris 1875.

513 — Publications illustrées. — Affiches de Strasbourg. Noël 1899. — Ganier, H. Costumes des Régiments et des Milices d'Alsace et de la Sarre, livr. 1 (av. 5 planches). — Images alsaciennes, par Spindler et Sattler. 2e Série, livr. 1.

514 — Questions de Droit. — v. Amelunxen. Brennende Fragen der Landesgesetzgebung. 1899. — Flach, G. Le Notariat en Alsace-Lorraine. 1874. — Hirtz, E. De l'Autorité de la chose jugée. Thèse de 1870. — Schricker, A. Elsass-Lothr. im Reichstag. 1873. — Wunder, Der Landesausschuss u. das Notariat in Els.-Lothr. 1898.

515 **Lots divers.** — Revues. — Bulletin de la 10e session du Congrès scient. à Strasbourg 1842. — Bulletin . . . des Monuments hist., 1re Série, T. II, livr. 2 et 2e Série, T. XIV, livr. 1. — Revue d'Alsace 1898, Nos 3 et 4. — Revue alsacienne, 8e année No 2 (Déc. 1884).

516 — Strasbourg. — Eröffnung des neuen Gerichtsgebäudes in Strassburg 13. Sept. 1898. 2 pièces diverses. — Heitz, Strasb. pendant ses deux blocus. 1861 (sans le plan). — Juristentag, Zwanzigster Deutscher, zu Strassb. Sept. 1889. — Kentzinger, Documens histor. T. I (seul). Strasb. 1818. — Livre bleu. T. I (seul). Strasb. s. d. — Précis pour la ville de Strasbourg contre le Séminaire protestant. 1855. — Programme de la Fête républ. du 16 avril 1848.

2e Partie: Livres non alsatiques.

517 **About, Edm.** Rome contemporaine. (Titre manque). 1 vol. in-8o, demi-rel. perc.

518 **Actes et Mémoires des Négociations de la Paix de Nimègue.** La Haye 1697. 3 vol. in-18, demi-rel. veau.

519 **Actes, Mémoires et autres Pièces authentiques** concernant la paix d'Utrecht. Utrecht 1712—13. 2 vol. in-18, rel. anc.

520 **Aicard, Jean.** — L'Eternel Cantique. Paris 1885, gr. in-8o, demi-rel. perc.

521 **Almanach Royal,** Année 1785. Paris (1785), in-24, pl. rel. veau anc., tr. dorées.

522 **Almazan (Le Duc d').** La guerre d'Italie. Campagne de 1859. Paris 1882. gr. in-8o, demi-rel. chagr.

523 **Art (l') à l'Exposition universelle de 1900.** Sous la direction de M. Jules Comte. Paris 1900. 1 fort vol. in-4o, av. gravures et lithographies. Demi-rel. cuir orig., plats toile, tête dorée.

524 **Aymon.** Lettres, anecdotes et mémoires historiques du nonce Visconti, Cardinal préconisé, et Ministre Secret de Pie IV et de ses Créatures, au Concile de Trente. Amsterdam 1719. 2 parties en 1 vol. in-18, pl. rel. veau anc. Av. frontispice gravé.

525 **Baringii, Danielis Eberhardi,** Clavis diplomatica, specimina veterum scripturarum Tradens, ... Hanoverae 1754. 1 fort vol. pet. in-4o, demi-rel. anc. Av. planches calligraphiques.

526 **Baschet, Arm.** Les Princes de l'Europe au XVIme siècle: François Ier, Philippe II, Catherine de Médicis, les Papes, les Sultans, etc., d'après les rapports des ambassadeurs vénitiens. Enrichi de nombreux fac-simile. Paris 1862. 1 vol. in-8o, demi-rel. perc.

527 **Batteux (l'abbé).** Les Beaux Arts réduits à un même principe. Paris 1747. 1 vol. in-18, pl. rel. basane, tr. rouges. Avec frontispice et vignette de C. Eisen.

528 **Beaumarchais.** Oeuvres. Paris 1836. 3 vol. in-24, demi-rel. veau.

529 **Beauvoir, Roger de.** Les Trois Rohan. Nouv. édit. Paris 1881. in-16, 320 p., br.

530 **Bernard, Comte de Trèves.** Traicté de la Nature de l'Oeuf des Philosophes. — Suivi de: **Villeneufve, Arnauld de.** Le Sentier des Sentiers. Trad. franç. Paris 1624. 1 pet. vol. in-18 de 64—32 p., pl. rel. veau anc., tr. dorées.

531 **Bible du Petit Poucet,** ornée de 30 jolies figures. Paris, s. d. 1 pet. vol. in-64 de 192 p., rel. basane anc.

532 **Blondel.** L'Art de jetter les Bombes. Amsterdam 1699. 1 vol. in-4°, av. vignettes et grav. Pleine rel. basane, tr. rouges.

533 **Bosse, A.** La manière universelle de Mr Desargues, Lyonnois, pour poser l'essieu, et placer les heures et autres choses aux cadrans au soleil. Paris 1643. 1 vol. in-12, rel. anc. Av. frontisp. et planches gravés.

534 — Sentimens sur la distinction des diverses manières de Peinture, Dessein et Gravure, et des Originaux d'avec leurs copies. Paris 1649. 1 vol. pet. in-18, rel. anc. Av. frontispice et 2 planches gravés.

535 **Bouchot, Henri.** Les Clouet et Corneille de Lyon. Ouvrage accompagné de 37 gravures. (De la collection „Les Artistes célèbres"). Paris s. d. in-4°, br.

536 **Bulletin officiel** de l'Exposition de Lyon, Universelle, Internationale et Coloniale en 1894. Lyon 1894. 1re année, en 46 Nos, reliée en 1 vol. in-fol., perc. rouge orig.

537 **Caesaris, C. Julii,** Commentariorum de Bello Gallico. Paris 1755. 2 vol. in-18, rel. anc. veau, tr. dorées. Av. frontisp. gravé p. B. Picart et 4 cartes.

538 **Catalogue** des objets d'Art et de haute curiosité, antiques, du Moyen-Age et de la Renaissance, composant l'importante et précieuse collection **Spitzer.** Avec un volume des prix d'adjudication. Paris 1893. 2 volumes in-fol. de texte et 1 volume in-plano de planches. Demi-rel. perc., av. coins.

539 **Catalogues.** „Salon de Paris": Champs-Elysées 1891 à 1901. — Champ de Mars 1892 à 1898, 1901. — Silvestre. Nu au Salon de 1897. — 18 vol. in-8° rel. et 2 vol. br.

540 **Catalogues** de divers Musées (Louvre, Cluny, Munich, etc.) 12 vol. rel.

541 **Cesena, Amédée de.** La Maison de France. Avec un portrait photographique. Paris 1884, in-16, demi-rel. perc.

542 **Chambrun (Le Comte de).** Ses Etudes politiques et littéraires. Comptes rendus de la Presse. Supplément. Paris 1889. 1 vol. in-8°, demi-rel. parch. Av. 1 portr. en photogr.

543 **Chincholles, Charles.** Les phrases courtes. Paris 1891, in-24, br. Texte av. encadrements dessinés par Caravaniez, F. Régamey, et autres.

544 **Cornelius Nepos.** De Vita excellentium Imperatorum. Ex recognitione Steph. And. Philippe. Paris 1745. 1 vol. in-18, rel. veau anc., tr. dorées. Av. frontisp. et en-têtes gravés.

545 — Même ouvrage. Paris 1796. 2 vol. in-24, rel. veau anc., tr. dorées. (Edit. sans gravures).

546 **Costumes Parisiens.** Planches tirées de journaux de Modes. Années 1809—1836 (1825 manque). 27 vol. en rel. demi-toile.

547 **Cournault, Charles.** Jean Lamour, Serrurier du roi Stanislas à Nancy. Ouvrage accompagné de 26 gravures. (De la collection „Les Artistes célèbres"). Paris 1886, gr. in-8°, br.

548 **Délassements champêtres (Les),** ou Mélanges d'un philosophe sérieux à Paris, et badin à la Campagne. La Haye 1767. 2 vol. in-18, rel. basane anc.

549 **Demmin, Auguste.** Encyclopédie historique, archéologique, biographique, chronologique et monogrammatique des Beaux-Arts plastiques. Paris, s. d. 3 vol. gr. in-8°, rel. perc. orig.

550 — Guide de l'Amateur de Faïences et Porcelaines. 4e édit. accompagnée de 300 reproductions de Poteries, de 3000 Marques et Monogrammes dans le texte et de trois tables, dont deux de Monogrammes. Paris 1873. 3 vol. in-16, demi-rel. chagr. rouge.

551 **Derome, L.** Le Luxe des livres. Paris 1879. 1 vol. in-16, demi-rel. amat., av. coins, tête dorée.

552 **Dictionnaire des proverbes françois** et des façons de parler comiques burlesques et famillières, etc., avec l'explication, et les étymologies les plus avérées. Francfort 1750. 1 vol. in-18, demi-rel. veau marbré.

553 **Dokument (Ein) deutscher Kunst**: Die Ausstellung der Künstler-Kolonie in Darmstadt 1901. Festschrift. (Texte et gravures). München 1901, in-4°, br.

554 **Du Ryer.** L'Alcoran de Mahomet, Traduit d'Arabe en François. La Haye 1685. 1 pet. vol. in-24, rel. parch. anc. Av. frontisp. gravé.

555 **Dutens, M.** Des Pierres précieuses et des pierres fines, avec les moyens de les connoître et de les évaluer. Nouv. édit. revue et augm. Florence, s. d. 1 vol. in-16, pl. rel. veau anc.

556 **Engel, J. J.** Ideen zu einer Mimik. Mit erläuternden Kupfertafeln. Berlin 1785—86. 2 Tle. en 1 vol. in-16, rel. veau anc., tr. dorées.

557 **Erasme, D.** Eloge de la Folie. Traduction nouvelle p. Vict. Develay. 2e édit. Paris 1876. 1 vol. in-18, demi-rel. chagr.

558 **Exposition Nationale Suisse,** Genève 1896. Art moderne. Catalogue illustré. Genève 1896, in-8°, br.

559 **Exposition rétrospective** de l'Art français au Trocadéro. Exposition universelle internationale de 1889 à Paris. Lille 1889. 1 vol. in-8°, non ill., demi-rel. toile.

560 **Fabrici, Georgii,** Roma illustrata sive Antiquitatum Romanarum breviarium. Amsterdam. Ex officina Elzeviriana. Ao 1657. 1 vol. in-24, rel. veau anc. Av. frontisp. gravé.

561 **Festzug der Basler Bundes-Feier.** 14. Juli 1901. Album panoramique de 5 à 6 mètres, plié in-4°. sous couverture ill.

562 **Florian, de.** Galatée. Roman pastoral imité de Cervantes. Illustré par Flouest, gravé par Guyard. Paris 1784. 1 vol. pet. in-24, rel. veau anc., tr. dorées.

563 **Forrer, R.** Mein Besuch in El-Achmim. Reisebriefe aus Aegypten. Mit 33 Illustr. u. XIII Tafeln. Strassburg 1895, in-12, rel. toile orig.

564 — Les Imprimeurs de Tissus dans leurs relations historiques et artistiques avec les corporations. Av. figures et planches. Strasbourg 1898, in-8°, rel. d'étoffe.

565 **Genlis, Mme de.** Mademoiselle de La Fayette, ou le siècle de Louis XIII. 2e édit. Paris 1813. 2 vol. in-18, demi-rel. basane.

566 **Gersaint, E. F.** Catalogue d'une grande collection de tableaux des meilleurs Maitres d'Italie, de Flandres et de France, qui doivent être vendus . . . . le 26 mars 1749. Paris 1749. 1 vol. in-18, pl. rel. veau anc.

567 **Gesnero, Jo. Matthia.** Novus Linguae et eruditionis Romanae Thesaurus post RO. Stephani et aliorum nuper etiam in Anglia eruditissimorum Hominum curas digestus, locupletatus, emendatus. Tomus I et II (A—K). Lipsiae 1749, en 1 fort vol. in-fol., rel. veau anc. Av. portr. de l'auteur par F. Reibenstein, pinx. 1747, J. M. Bernigeroth sc.

568 **Grétry.** Mémoires, ou Essais sur la musique. Paris, An V. 3 vol. in-8°, demi-rel. basane.

569 **Grévin, A.** L'Esprit des Femmes. Avec préface par Pierre Véron. Paris, s. d. 1 album de 40 planches pet. in-fol., rel. toile orig.

570 **Grotius, Hugo.** De Mari Libero et P. Merulo de Maribus. Lugd. Batavorum, ex officine Elzeviriana. Anno 1533. 1 vol. in-32, pl. rel. veau anc., dentelles intérieures, tr. dorées. Av. titre gravé.

571 **Guizot, F.** Nouveau Dictionnaire universel des Synonymes de la langue française. Paris 1822. 2 tomes en 1 vol. in-12, pl. rel. basane.

572 **Haudicquer de Blancourt.** De l'Art de la Verrerie. Où l'on apprend à faire le Verre, le Cristal et l'Email . . . . . Orné de quelques figures. Paris 1697. 1 vol. in-18, rel. veau anc.

573 **Helmont, F. M. B. ab.** Alphabeti verè Naturalis brevissima delineatio. Quae simul Methodum suppeditat . . . . Sulzbaci 1667. 1 pet. vol. in-24, rel. maroq., tr. dorée. Av. figures. (Très curieux).

574 **Hercule et Omphale.** Tragédie. Tiré à 50 exemplaires. Strasbourg 1866, in-16, br. Av. 18 pet. photographies.

575 **Jacquemart, Albert.** Histoire du Mobilier. Ouvrage contenant plus de 200 eaux-fortes typographiques. Paris 1876. 1 vol. gr. in-8°, demi-rel. chagr., plats perc., tr. dorées.

576 — Les Merveilles de la Céramique, ou l'Art de façonner et décorer les vases en terre cuite. Paris 1866. 3 vol. in-16, demi-rel. chagr. Av. figures.

577 **Intermédiaire (l') des Chercheurs et Curieux.** Années 1865 (II), 1866 (III), 1870—73 (VI), 1874 (VII), 1877 (X), 1883 (XVI), 1887 à 1903 (XX. à XXXIX) et Table générale 1864—91. Paris 1865—93. Reliées en 29 vol., demi-parch. — Année 1904 (XL), en numéros.

578 **Klée, Frédérik.** Le Déluge. Considérations géologiques et historiques sur les derniers cataclysmes du globe. Paris 1853. 1 vol. in-16, broché.

579 **Larmessin (de).** Les Augustes Représentations de tous les Roys de France depuis Pharamond jusqu'à Louis XIV, dit le Grand, à présent Regnant. Avec un abrégé historique sous chacun, contenant leurs Naissances, Inclinations et Actions plus remarquables pendant leurs Règnes. 64 portr. et titre gravés. Paris 1688. 1 vol. in-4°. Rel. anc. parch.

580 **Lessius & Cornaro.** L'Art de jouir d'une Santé parfaite, et de vivre heureux jusqu'à une grande vieillesse. Traduction nouvelle. Salerne 1785. 1 vol. in-18, pl. rel. parch., fers spéc., tr. dorées.

581 **Le Vavasseur, Gustave.** Poésies complètes. Edit. entièrement revue et corrigée. Paris 1889. 1 vol. in-8°, broché.

582 **Lièvre, Edouard.** Les Collections célèbres d'Oeuvres d'Art dessinées et gravées d'après les Originaux. Orné de 100 pl. gravées. Paris 1866 —1869. 2 vol. in-fol., demi-rel. chagr. rouge, têtes dorées.

583 **Maindron, G. R. M.** Les Armes. Illustrées de 250 fig. Paris, s. d. 1 vol. in-8°, demi-rel. parch.

584 **Marmontel.** Belisaire. Illustré de 4 figures d'après G r a v e l o t. Paris 1767. 1 vol. in-18, rel. veau anc., tr. dorées.

585 **Maupassant, Guy de.** Des Vers. Paris 1894. 1 vol. in-18, broché. Avec portr. gravé à l'eau-forte.

586 **Menestrier, P.** Nouvelle Méthode raisonnée du Blason, ou de l'Art héraldique. Lyon 1780. 1 vol. in-8, rel. veau anc. Av. frontisp. et 49 pl. d'armoiries.

587 **Mérite des Femmes (Le).** Poésies et Almanach pour 1812. Ornés de 6 grav. d'après S e b. L e r o i. Paris (1812). 1 pet. vol. in-32, cart. orig., tr. dorées, dans un étui.

588 **Michel, Emile.** Les Musées d'Allemagne: Cologne, Munich, Cassel. Ouvrage accompagné de 15 Eaux-Fortes & de 80 Gravures. Paris 1886. 1 vol. gr. in-4°, demi-rel. perc.

589 **Molinier, Emile.** Les Bronzes de la Renaissance. Les Plaquettes. Catalogue raisonné, précédé d'une introduction. Accompagné de 108 gravures. Paris 1886. 2 tomes en 1 vol. gr. in-8°, demi-rel. chagr.

590 **Monro, Alexandre.** Traité d'Anatomie comparée. Nouv. édit. Trad. de l'anglais par M. S u e, f i l s. Paris 1786. 1 vol. in-18, rel. maroq. anc. aux armes des Bourbon, tr. dorées.

591 **Montaigne, Michel de.** Essais. Paris 1793. 3 vol. in-8°, rel. anc. veau marbré.

592 **Müntz, Eugène.** La Tapisserie. Ouvrage illustré. Paris, s. d. 1 vol. in-8°, rel. toile orig.

593 **Nattier.** La Gallerie du Palais du Luxembourg peinte par Rubens, Dessinée par les Srs. Nattier, et gravées par les plus illustres graveurs du Temps. Dédiée au Roy. 18 planches. Paris 1710. 1 vol. gr. in-fol., demi-rel. chagr. (Superbe ouvrage, très recherché).

594 **Oppenheim, Ancel.** Connaissances nécessaires à un amateur d'objets d'art et de curiosité. Paris 1879. 1 vol. in-12, demi-rel. d'amat., maroquin bleu, tête dorée.

595 — Même ouvrage. Broché.

596 **Oweni, Joan.** Epigrammatum. Amstelodami 1657. 1 pet. vol. in-48, pleine rel. veau anc., tr. rouges.

597 **Pabst, Arthur.** Die Kunstsammlungen Richard Zschille in Grossenhain. II: Besteck-Sammlung, Speise-, Tisch-, Gärtner-Geräte und Werkzeuge. 50 Tafeln in Lichtdruck. Berlin 1893. 1 vol. gr. in-fol., cart. orig. demi-toile.

598 **Pacot.** Figures de la Passion de Notre Seigneur Jésus-Christ. Accompagnées de reflexions propres à donner l'intelligence de ce mistère. 35 pl. gravées au burin. Paris, s. d. 1 vol. in-12, pl. rel. cuir vert, filets d'or, tr. dorées.

599 **Panorama (Le).** Paris instantané. Versailles, Chantilly, Fontainebleau, etc. Album pet. in-fol. obl., cart. orig.

600 **Patin, Charles.** Introduction à la Connoissance des Médailles. 3e édit. Av. quelques gravures. Padoue 1691. 1 vol. in-18, pl. rel. veau anc., tr. rouges.

601 **Pelletan, Edouard.** Le Livre, suivi du catalogue illustré des éditions d'Edouard Pelletan. Paris 1896. 1 vol. in-8°, demi-rel. parch.

602 **Pillet, Charles.** Madame Vigée-Le Brun. Ouvrage accompagné de 20 gravures. (De la collection „Les Artistes célèbres"). Paris 1890, in-4°, br.

603 **Pitture (Le pubbliche)** di Piacenza. Piacenza 1780. 1 vol. in-8°, pl. rel. veau anc.

604 **Posthium, Johan,** von Germerssheim. Schöne Figuren / auss dem fürtrefflichen Poeten Ovidio / allen Malern / Goldtschmiden / vnd Bildhauwern / zu nutz vnnd gutem mit fleiss gerissen durch Vergilium Solis / vnnd mit Teutschen Reimen kürtzlich erkläret / dergleichen vormals im Truck nie aussgangen. (Texte latin et allemand). Francofurti a. M. 1563. 1 vol. in-8° obl., rel. parch. (Bel exempl.)

605 **Rabelais** et l'Oeuvre de Jules Garnier. Av. 160 planches coloriées. Paris 1897. 1 vol. in-4°, demi-rel. amat., av. coins, non rogné. (Bel ouvrage).

606 **Rabelais, François.** Supplément aux oeuvres de maitre François Rabelais. Les Songes drolatiques de Pantagruel. Suite de 120 gravures sur bois. Paris 1870. 1 vol. in-16, demi-rel. perc.

607 **Reclus, Elisée.** Nouvelle Géographie universelle. La Terre et les Hommes. Paris 1876—1893. 18 vol. gr. in-8°, demi-rel. chagr. orig., plats toile, fers spéc.

608 **Recueil d'Objets d'Art et de Curiosités.** Dessinés d'après nature par T. de Jolimont & J. Cagniet, gravé à l'Eau-forte et publié par Caroline Naudet. 30 planches. Paris 1837. 1 vol. gr. in-fol., cart. demi-toile.

609 **Regii, Henrici,** ultrajectini Philosophia naturalis; in qua tota rerum universitas, per clara & facilia Principia, explanatur. Amstelaedami 1661. 1 vol. in-8°, rel. veau-anc., tr. rouges.

610 **Reinach, Joseph.** Histoire du Siècle 1789—1889. Peinture de Alfred Stevens & Henri Gervex. Texte et 12 planches. Paris 1889. 1 vol. in-8°, demi-rel. parch.

611 **Renan, Ernest.** L'Abbesse de Jouarre. 15e édit. Paris 1886. 1 vol. in-8°, demi-rel. cuir rouge.

612 — Vie de Jésus. 5e édit. Paris 1863. 1 vol. in-8, demi-rel. veau.

613 **Revolutions-Almanach** von 1798. Av. 22 planches gravées et 2 tableaux chronolog. Göttingen (1798). 1 vol. in-18, demi-rel. toile.

614 **de Reyrac (l'Abbé).** Hymne au Soleil, suivi de plusieurs morceaux du même genre. Nouv. édit., av. portr. gravé par De Launay. Amsterdam 1781. Pet. vol. in-24, rel. veau anc., tranches dorées.

615 **Rohan, (le Duc de).** Mémoires. Amsterdam 1693. Pet. vol. in-24, rel. basane, av. armoiries sur les plats.

616 **Rousseau, J. J.** Discours sur l'origine et les fondemens de l'Inégalité parmi les hommes. Londres 1782. 1 vol. pet. in-24, rel. veau anc., tr. dorées.

617 **Sage, B. G.** Analyse de l'eau de mer. Paris 1817. 1 vol. in-12, rel anc.

618 **(Saint-Hilaire).** L'Esprit du Siècle. Amsterdam 1746. 1 vol. in-18, rel. veau anc., tr. rouges.

619 **Sammlung derer sämtlichen Handwerks-Ordnungen** des Herzogthums Württemberg, wie solche von Zeit zu Zeit in das Land gnädigst promulgirt und ausgeschrieben worden. Stuttgart, s. d. 1 gros vol. in-16, cart. demi-perc.

620 **Schiller, Friedrich.** Das Lied von der Glocke (Le Lied de la Cloche). Translation par Emile Straus. Avec 1 grav. sur bois d'après Marc Mouclier. Paris 1896. 1 plaquette in-8°, br. (Edit. sur Hollande tirée à 100 ex. numérotés: No. 42).

621 **Schmitt, M.** Mémoire sur l'Arrestation du Duc d'Enghien. Trad. par A. Pernot. Dôle 1895. 1 plaquette gr. in-8°, cart. demi-perc.

622 **Schuhl, Moïse.** Superstitions et Coutumes populaires du Judaïsme contemporain. Paris 1882. 1 plaquette gr. in-8°, demi-rel. perc.

623 **Senecae, L. Aennaei.** et aliorum Tragoediae Sexio emendatae. Editio prioribus longe correctior. Amsterodami 1568. 1 pet. vol. in-32, pl. rel. veau anc., tr. rouges.

624 **Souverains du Monde (Les).** Ouvrage qui fait connoître la Généalogie de leurs Maisons, l'Etenduë et le Gouvernement de leurs Etats, leur Religion, leurs Revenus, ... Av. armoiries. La Haye 1722. 4 vol. in-18, pl. rel. basane anc., tr. rouges.

625 **Tablettes guerrières (Les),** ou Cartes choisies pour la commodité des Officiers et des Voyageurs; contenant toutes les cartes générales du Monde . . . . Amsterdam 1707. 1 vol. in-8° étroit, rel. veau anc.

626 **Thompson.** Les Saisons. Poëme traduit de l'Anglais. Av. illustrations. S. l. ni d. 1 pet. vol. in-32, rel. veau anc., tr. dorées.

627 **Tissot, Victor.** La Police secrète prussienne. Paris 1884. 1 vol. in-16, demi-rel. perc.

628 **Utopie (L') de Thomas Morus.** Avec nombreuses grav. hors texte de Bernard Picard. Leide 1715. 1 vol. in-12, rel. anc.

629 **Vaxelaire, J. C.** Mémoires d'un Vétéran de l'Ancienne Armée (1791—1800). Publ. et annotés p. H. Gauthier-Villars. Paris, s. d. 1 vol. in-16, broché.

630 **Villars, Duc de.** Mémoires du Duc de Villars, Pair de France, Maréchal-Général des Armées de Sa Majesté très-chrétienne, etc. La Haye 1734. 3 vol. in-18, rel. veau anc., tr. rouges.

631 — Campagne de Monsieur le Maréchal de Villars en Allemagne l'An 1703. Amsterdam 1762. 2 vol. in-18, rel. veau anc., tr. rouges.

632 **Voltaire.** Oeuvres complètes. Tome onzième: La Pucelle d'Orléans. Figures de Moreau le Jeune. S. l., Impr. de la Soc. littér.-typogr., 1785. 1 vol. in-8, demi-rel. cuir.

633 **(Voltaire).** La Henriade, en dix chants. Av. portr. gravé. Genève 1773. 1 vol. in-32, rel. veau anc., tr. dorées.

634 (—) La Henriade travestie en vers burlesques. Honni soit qui mal y pense. Evreux, An VII. 1 vol. in-24, rel. veau anc.

635 **Watteau, St. Aubin, Boucher, Fragonard,** et autres. Quinze reproductions du Catalogue de la Collection de M. le Marquis de Chennevières. S. l. ni d., sous couverture impr.

636 **Wolfram, G., & F. Bonnardot.** Les Voeux de l'Epervier. Kaiser Heinrichs VII. Romfahrt. (Extr. du „Jahrbuch der Gesellschaft f. lothr. Geschichte"). Metz 1895. 1 vol. pet. in-4°, cart. demi-perc.

637 **Yriarte, Charles.** Les Princes d'Orléans. Préface p. E d. H e r v é. Av. portraits. Paris 1872. 1 vol. in-12, demi-rel. toile.

Librairie F. Staat, rue des Serruriers 27, **Strasbourg.**

Occasion très importante.

Pour être agréable à mes clients et aux amateurs d'Alsatiques, je viens de m'entendre avec l'éditeur et me trouve, par conséquent, à même de vous offrir au prix net de

50 fr. (au lieu de 72 fr.)

l'ouvrage suivant:

A Fournier

Président du Club Alpin-Français (Section des Hautes-Vosges)

Les Vosges

Du Donon au Ballon d'Alsace

Ilustrations par V. Franck, Peintre-Photographe à Saint-Dié

6 volumes gr. in-4°, brochés.

Les Vosges ont déja eu leurs historiens et leurs panégyristes. M. Charles Grad en avait fait la description dans son livre intitulé: „L'Alsace". Mais il ne s'agissait que du versant alsacien.

Dans l'ouvrage que nous offrons aujourd'hui, l'auteur a voulu ne s'occuper que de la montagne et faire connaître les deux versants, aussi bien le versant lorrain que le versant alsacien. Si ce dernier peut montrer encore des spécimens des châteaux qui montaient la garde en Alsace, en Lorraine on n'en trouve plus que des traces ou des ruines insignifiantes; ils, ont, pour la plupart, été rasés au moment de la guerre de Trente ans.

Mais, par contre, on y rencontre des monuments intéressants provenant des abbayes dont les fondateurs furent les premiers pionniers qui pénétrèrent dans la montagne abrupte et couverte de forêts épaisses Ces abbayes devinrent, plus tard, le centre des agglomérations principales du versant lorrain.

C'est au point de vue pittoresque que l'auteur s'est placé, et les deux côtés de la chaîne ont chacun de très beaux sites à offrir. Par les nombreuses illustrations réunies, il a cherché à faire de son livre un ouvrage des plus complets où sont reproduits des documents photographiques accumulés depuis plus de 40 ans, c'est-à-dire depuis que la photographie est née.

Mais ce n'est pas à ce point de vue seulement qu'il s'est placé; il a voulu nous faire admirer les beaux sites du pays, les ruines pittoresques que l'on vient visiter et qui racontent son histoire. Il a voulu surtout appeler l'attention sur une région que les Français négligent bien à tort pour aller à l'étranger. Ce n'est certainement pas la nature grandiose et terrible des Alpes, mais c'est une nature aimable offrant aux touristes des sites agréables, riants; une nature qui s'est mise en frais pour le voyageur, faite pour reposer l'esprit du surmenage des villes. Somme toute, ce livre est destiné à aider celui qui a voyagé à revoir ce qu'il a vu; — celui qui n'a pas visité notre pays y prendra l'idée de le parcourir, s'il écoute les conseils de l'auteur, et lui en sera certainement reconnaissant.

Bulletin de Commission — Auftrag-Zettel.

Veuillez acheter pour mon compte à la vente A. Ritleng, au mieux et jusqu'à concurrence des prix indiqués (les frais et droits de commission non compris), les articles mentionnés ci-dessous.

Sie wollen für mich und meine Rechnung unter den vorgedruckten Auctionsbedingungen auf der Versteigerung der Bibliothek A. Ritleng, möglichst billig, folgende Nummern erwerben; meine Preisgebote gelten als Höchstgebote (ohne Auctions- und Provisionskosten).

Name: (bitte deutlich) Nom: (bien lisible) Adresse:

Numéros du catalogue Katalognummern	Titres (les premiers mots seulement)	Titel (nur die ersten Worte)	Limite Höchstgebot.

Avis essentiel: *Pour le cas où vous me remettez votre ordre sans fixer de limites, veuillez, pour ma gouverne, vous servir des marques suivantes:*

†: ouvrages auxquels vous n'attachez qu'un intérêt secondaire,

††: ceux auxquels vous vous intéressez d'avantage, sans toutefois dépasser les prix courants.

†††: ceux que vous tenez à obtenir à tout prix.

Numéro du catalogue Katalognummer	Titres (les premiers mots seulement)	Titel (nur die ersten Worte)	Limite Höchstgebot

www.ingramcontent.com/pod-product-compliance
Lightning Source LLC
LaVergne TN
LVHW010006230826
846092LV00002B/679
9782329538310